DEMOCRACIA Y VALORES EN KARL MANNHEIM

UNA TEORÍA SOCIAL CONTRA EL LIBERALISMO DESARMADO

DEMOCRACIA Y VALORES EN KARL MANNHEIM
UNA TEORÍA SOCIAL CONTRA EL LIBERALISMO DESARMADO

JUAN MESEGUER
ORCID: 0009-0004-6610-1258

CEU | Ediciones

Democracia y valores en Karl Mannheim.
Una teoría social contra el liberalismo desarmado

© Juan Meseguer Velasco, 2024
© Fundación Universitaria San Pablo CEU, 2024

CEU *Ediciones*
Julián Romea 18, 28003 Madrid
Teléfono: 91 514 05 73
Correo electrónico: ceuediciones@ceu.es
www.ceuediciones.es

ISBN: 978-84-19976-03-1
Depósito legal: M-1695-2024

Maquetación y diseño de cubierta: Andrea Nieto Alonso (CEU *Ediciones*)

Impresión: Imedisa S. L. U.
Impreso en España

Para Pati, Belén y Sofía

ÍNDICE

PRESENTACIÓN

Karl Mannheim (Budapest, 1893-1947) es conocido fundamentalmente por su contribución al nacimiento de la sociología del conocimiento, de la que se ocupó en su llamada «etapa alemana». En ella estudió a fondo cuestiones como el concepto de ideología o la misión de los intelectuales. Sin embargo, resulta menos conocido su «período inglés» en la London School of Economics, cuando subraya la importancia de los valores, la educación y la religión para preservar la democracia frente al auge de los totalitarismos nazi y soviético.

En esos años previos a la Segunda Guerra Mundial, en los que deja atrás sus influencias marxistas, se plantea cómo reconstruir las democracias liberales en una Europa dividida por distintas visiones del mundo. En su opinión, había que apartarse del desequilibrio de las ideologías que, o bien inclinaban la balanza hacia el individuo, o bien lo hacían hacia la sociedad.

Para Mannheim, la sociedad moderna de masas no podía funcionar sin una dirección racional, como había ocurrido en la época del *laissez faire* anterior a la guerra. Por eso, toma del socialismo la idea de la planificación, pero una planificación que respete la libertad. Al mismo tiempo, asume del liberalismo el compromiso con la autonomía individual, pero orientada a un sistema de valores o fines sociales. Sobre estos pilares empieza a trabajar, a mediados de los años treinta, en su propuesta de «planificar para la libertad».

Pero el Estado social, que por entonces ayudó a desarrollar uno de los anfitriones de Mannheim en Inglaterra, sir William Beveridge, es solo un aspecto del proyecto de reconstrucción del sociólogo húngaro. En su libro *Diagnóstico de nuestro tiempo* (1943) vincula la planificación al ideal de la «democracia militante», una tercera vía entre el dirigismo de los sistemas totalitarios y el *laissez faire* relativista. Sostiene que una de las condiciones que han hecho posible el avance de los totalitarismos en Europa ha sido la irresponsable inhibición de un tipo de pensamiento democrático –característico de la República de Weimar– que confunde «la tolerancia con la neutralidad respecto de lo justo y lo injusto»[1].

Frente a quienes identifican la democracia con el relativismo ético, Mannheim piensa que el ideal democrático no está reñido con la firmeza de convicciones:

> Ni la tolerancia democrática, ni la objetividad científica significan que debamos abstenernos de tomar posiciones firmes frente a lo que creemos verdadero, o que debamos evitar la discusión de los fines y los valores últimos de la vida[2].

A diferencia de otras terceras vías, la de Mannheim, por tanto, no se limita a ofrecer un camino intermedio entre dos modelos económicos. Antes que nada, la suya es una propuesta de convivencia ciudadana que invita a repensar los fundamentos sobre los que se asientan las democracias liberales. Le interesa, sí, el papel del Estado en la reconstrucción de Europa tras la Segunda Guerra Mundial. Pero también el del individuo y el de las comunidades intermedias.

Expulsado de la Universidad de Frankfurt por izquierdista y judío tras el ascenso de Hitler al poder, Mannheim hace un diag-

---

1   MANNHEIM, K. (1994), *Diagnóstico de nuestro tiempo*, versión española de José Medina Echavarría, México, Fondo de Cultura Económica, p. 72.
2   *Ibid.*, p. 95.

nóstico de las condiciones sociales e intelectuales que han hecho posible el avance de los totalitarismos en Europa. Y después, en sintonía con ese diagnóstico, trata de dilucidar una cuestión: ¿debe el Estado ser éticamente neutro, al estilo del *laissez faire* que imperó en la República de Weimar, o debe tomar partido por unos valores que se consideran comunes a todos? Y en este último caso, ¿cómo evitar que el compromiso del Estado con esos valores básicos degenere en la planificación totalitaria?

La respuesta de Mannheim a estas preguntas es más matizada de lo que piensan sus principales detractores; entre otros, el economista Fiedrich Hayek y el filósofo Karl Popper, colegas suyos en la London School of Economics. No hay que olvidar que las propuestas económicas de Mannheim solo son una parte pequeña de la gran preocupación que le ocupa en Inglaterra: cómo articular la convivencia pacífica en una sociedad dividida por distintas concepciones del mundo.

Y tampoco hay que pasar por alto que su respuesta a ese problema está muy condicionada por el dramático momento histórico que le tocó vivir, algo que a menudo olvidan sus críticos. El suyo no es un planteamiento abstracto y alejado de la realidad, sino la confirmación de una de las afirmaciones que mejor resume su etapa inglesa: «Todo pensamiento político formula sus términos fundamentales *ad hoc* de acuerdo con las circunstancias especiales de la época»[3].

Con todo, vienen bien la cautela y el sentido crítico ante algunas de las propuestas de Mannheim que, si bien aciertan a anticipar preocupaciones del debate político contemporáneo, requieren de un serio escrutinio para evitar posibles derivas antidemocráticas.

Mannheim quiere forjar un «hombre nuevo» que plante cara al «hombre nuevo» nazi y soviético. La intención es loable. Otra cosa es que ese fin bueno sea suficiente para justificar el inter-

---

3 MANNHEIM, K. (1946), *Libertad y planificación social*, traducción de Rubén Landa, 2ª edición española, México, Fondo de Cultura Económica, p. 16.

vencionismo moral del Estado. Esto es lo que hay que discutir. Y también, en su caso, si de verdad se da ese intervencionismo moral y en qué grado. Aquí viene bien tener en cuenta la opinión de Edward Shils, destacado sociólogo estadounidense que tradujo a Mannheim del alemán al inglés y quien deja constancia de lo difícil que resulta a veces interpretarle:

> Sus formulaciones fueron vagas y en casi todo lo que escribió hay una irritante ambigüedad, pero se interesó por temas muy importantes. El proverbio que afirma que los errores de una mente superior son más interesantes que los aciertos de otra mediocre resulta verdadero por lo que respecta a Mannheim. Tuvo el gran don de tocar temas vitales y enigmáticos[4].

Esta monografía corrige, actualiza y reelabora de forma profunda y sustancial la tesis doctoral que defendí en abril de 2010 en el Departamento de Sociología I (Teoría, Metodología y Cambio Social) de la Facultad de Ciencias Políticas y Sociología de la Universidad Nacional de Educación a Distancia (UNED), bajo el título *Democracia y valores en Karl Mannheim*[5]. Dirigió la tesis el profesor Enrique Martín López, fallecido en 2014. Disfruté durante cuatro años de su magisterio en el Instituto de Estudios de la Familia de la Universidad CEU San Pablo, y ahora espero que la publicación de este libro sirva como homenaje. Fue un honor aprender de él: siempre amable, siempre disponible, siempre dispuesto a compartir conmigo sus ideas más sugerentes sobre la vida y la sociología.

También estoy profundamente agradecido al profesor José Almaraz Pestana, codirector de la tesis y buen amigo de Martín López. Fue él quien me sugirió la idea de conectar la obra de Mannheim con la tercera vía propuesta por el sociólogo británi-

---

4   SHILS, E. (1975), «Mannheim, Karl», en *Enciclopedia Internacional de las Ciencias Sociales*, Madrid, Aguilar, vol. 6, p. 747.

5   Avancé una síntesis de las principales conclusiones en mi artículo «Mannheim y Hayek: el Estado en una época de reconstrucción», *Aceprensa*, 28 febrero 2017. Algunos párrafos de esta presentación son deudores de ese artículo.

co Anthony Giddens. Y fue él quien me facilitó los trámites para la defensa de la tesis en la UNED.

Asimismo, agradezco a los profesores José María Garrido Bermúdez y Vanessa Gil Rodríguez de Clara las facilidades que me dieron para realizar la tesis, posible gracias a una beca de Formación de Personal Investigador concedida por el mencionado Instituto de Estudios de la Familia.

Madrid, enero de 2024

KARL MANNHEIM, SOCIÓLOGO Y REFORMADOR

> El Hombre es lo que importa.
> El Hombre ahí,
> desnudo bajo la noche y frente al misterio,
> con su tragedia a cuestas,
> con su verdadera tragedia,
> con su única tragedia...
>
> *León Felipe*

1. SOCIOLOGÍA DE FRONTERA

La vida y la obra de Karl Mannheim están condicionadas por los dramáticos acontecimientos políticos de la primera mitad del siglo XX[6]. La Primera Guerra Mundial (1914-1918), los gobiernos revolucionarios húngaros de 1918-1919 y su posterior represión, la República de Weimar (1918-1933), el ascenso de Hitler al poder (1933) y la Segunda Guerra Mundial (1939-1945) dejaron huella en su manera de entender la sociología. Así lo explica Louis Wirth en el prefacio a *Ideología y utopía*:

---

6   Para una exposición detallada de la vida de Mannheim, véase: USÓN PÉREZ, V. (1990), *Libertad y planificación. La «planificación para la libertad» de Karl Mannheim*, Madrid, Universidad Complutense de Madrid, pp. 30-92. Sobre el contexto sociopolítico, véase REMMLING, G. W. (1982), *La sociología de Karl Mannheim*, traducción española de Rafael Lassaleta, México, Fondo de Cultura Económica.

Es de dudarse que se hubiera podido escribir en cualquier otra época, pues las cuestiones que trata, aun cuando son fundamentales, solo podían surgir en una sociedad y en una época marcadas por una profunda confusión social e intelectual[7].

En ese momento caótico, Mannheim rehúsa entender la sociología como una disciplina dedicada a la pura recolección de datos. Por el contrario, ve en ella un ámbito del saber particularmente idóneo para realizar diagnósticos sobre los males de la sociedad de su tiempo y para proponer terapias que contribuyan a remediarlos.

En su caso, esta manera de hacer sociología está influida por su propio talante conciliador. Un rasgo de la personalidad de Mannheim que, francamente, no podía ser más oportuno en una época de fuertes enfrentamientos ideológicos. Lo interesante es que, para Mannheim, la tolerancia no debía dar la espalda a la búsqueda de la verdad ni al discernimiento de valores estables. Tolerancia y verdad, viene a decir, no solo no se contraponen, sino que se refuerzan mutuamente. En cambio, es la obstinación en el relativismo lo que nos deja desprotegidos frente a la contundencia de los totalitarismos.

Al mismo tiempo, Mannheim hizo una opción preferencial por lo que podríamos llamar una «sociología de frontera». Forzado en dos ocasiones al exilio, aprendió a moverse en los márgenes de distintas culturas y comprendió que, también en esos espacios donde colisionan mundos diferentes, podía surgir una energía nueva, una comprensión más honda de los problemas sociales. «Dos veces en su vida tuvo la experiencia del exilio y dos veces tuvo que encontrar la voz y el lenguaje propios del recién llegado», escriben David Kettler, Volker Meja y Nico Stehr en una de las obras que mejor han ahondado en las preocupaciones intelectuales del sociólogo húngaro[8].

---

7   WIRTH, L., «Prefacio», en MANNHEIM, K. (1997), *Ideología y utopía*, Fondo de Cultura Económica, p. XXVII.
8   KETTLER, D., MEJA, V. y STEHR, N. (1995), *Karl Mannheim*, traducción española de Francisco González Aramburo, 1ª reimpresión, México, Fondo de Cultura Económica, p. 7.

Pero, como estos mismos autores aclaran, la vida en la frontera no fue solo una imposición de las circunstancias históricas: también hubo una elección personal. Ejemplos inequívocos son su voluntad de poner a dialogar a la sociología y a la filosofía, o a la cultura anglosajona y a la alemana[9].

De ahí que sea tan difícil poner una etiqueta a Mannheim. A cada foro intelectual en que participó llevó su independencia de criterio: era judío agnóstico, pero a la vez un convencido defensor de la aportación que el cristianismo podía hacer a la sociedad; era partidario del liberalismo progresista entre marxistas, pero también favorable al Estado social entre liberales; era filósofo entre sociólogos empiristas, pero también científico social entre filósofos... Y en ninguna de estas posiciones vio contradicción alguna; más bien, su estilo de pensamiento tendía a integrar lo que otros se empeñaban en contraponer.

El sociólogo húngaro vivió la experiencia de sus dos exilios como una oportunidad privilegiada para «servir como intérprete viviente entre culturas diferentes y de crear comunicaciones vivas entre mundos diversos que hasta ahora se han mantenido aparte», como él mismo escribió acerca de la función social del refugiado[10].

Pienso que estas cualidades hacen la figura de Mannheim particularmente atractiva, por mucho que no esté de acuerdo con todos sus diagnósticos y terapias. De él cabe aprender, sobre todo, su empeño por mediar entre distintas concepciones del mundo en un momento histórico en que Europa andaba desgarrada por dos guerras mundiales. A la vez, tenía muy claro que el esfuerzo por comprender las posiciones en conflicto no debía conducir a la creación de falsos terrenos comunes, ni a la irresponsable equidistancia en una época de totalitarismos.

No minimizó el conflicto entre visiones del mundo, pero tampoco se quedó enganchado en él. Constató que existía, asumió que iba a seguir allí durante mucho tiempo y procuró generar algo distinto.

---

9 Véase *ibid.*, p. 22.
10 MANNHEIM, K. (1945), «The Function of the Refugee», *The New English Weekly*, núm. 27, 19 abril, pp. 5-6.

Su objetivo final era evidente: en una sociedad escindida y en lucha –sostiene Emilio Lamo de Espinosa–, Mannheim trata de restablecer un discurso objetivo que pueda servir de canal de comunicación no distorsionado entre los diversos contendientes. Su finalidad última es así la de la sociología clásica: restablecer el consenso social[11].

2. MANNHEIM Y SU TIEMPO

Karl Mannheim nació en Budapest el 27 de marzo de 1893 y murió de forma prematura en Londres por una pulmonía, a los 53 años, el 9 de enero de 1947. Entremedias, hay una vida animada por el deseo de dar respuesta a algunos de los problemas políticos y sociales más serios de su tiempo: ¿a qué se debe el avance de los totalitarismos?, ¿son compatibles la planificación y la libertad?, ¿es posible una democracia sin valores?, ¿a qué contenidos debería ceñirse la educación cívica?, ¿cómo controlar democráticamente el poder en una sociedad de masas?, etc.

¿Por qué se interesa Mannheim por estas cuestiones? Sin duda, la respuesta hay que buscarla en la seriedad del momento histórico que le tocó vivir. Si es verdad que los intereses de Mannheim en sus primeros años de formación le sitúan en el reino de la abstracción, a medida que acumula experiencias vuelve los ojos a problemas sociales y políticos encarnados en circunstancias concretas.

Por eso, es interesante conocer la biografía de Mannheim: porque en ella encontramos «la clave para entender la genealogía de sus ideas», en palabras de Enrique Martín López. Pero, a la vez, debemos aceptar el hecho de que «el conocimiento que de su vida tenemos está lleno de lagunas y lo que de él se sabe ha sido con frecuencia malinterpretado», sea por las continuas

---

11 LAMO DE ESPINOSA, E. (1993), «En el centenario de Karl Mannheim (1893-1947)», *Revista Española de Investigaciones Sociológicas*, núm. 62, abril-junio, p. 10. Ver también SHILS, E. (1975), «Mannheim, Karl», en *Enciclopedia Internacional de las Ciencias Sociales*, Madrid, Aguilar, vol. 6, p. 744.

migraciones que hizo a otros países, sea por su personalidad discreta y esquiva. «En torno a su figura hay un halo misterioso y lejano, que L. Charles Cooper pretendió aprehender conceptualmente cuando le llamó "Príncipe Hindú"»[12].

2.1. HUNGRÍA: LA INDEPENDENCIA, LOS «CHICOS DE LENIN» Y EL «TERROR BLANCO»

Mannheim nace en el seno de una familia judía de clase media, y pasa su infancia y juventud en Budapest. Desde joven, muestra pasión por la vida intelectual. Tras obtener el grado de bachiller en humanidades, comienza a estudiar filosofía en 1910. En esos años conoce a su primer mentor, el filósofo y crítico literario Georg Lukács, por entonces más interesado en el neokantismo que en el marxismo.

Completa sus estudios con varias estancias en universidades europeas: durante el curso 1912-13 asiste en Berlín a las clases de Georg Simmel; en 1914, a las de Henri Bergson en París; luego pasa por Friburgo y Heidelberg. Poco antes del inicio de la Primera Guerra Mundial, regresa a Budapest y participa activamente en las actividades de diferentes instituciones y movimientos culturales, entre los que destaca la Escuela Libre de Ciencias Sociales, fundada por el politólogo Oszkár Jászi.

---

12 MARTÍN LÓPEZ, E., «Conocimiento y acción social. Karl Mannheim: las cuatro etapas de su producción científica». El texto de este artículo me lo dio personalmente el propio Enrique Martín López, director de mi tesis doctoral. Hasta ahora, no lo he encontrado publicado. Es posible que el texto sea el mismo al que alude Ignacio Sánchez de la Yncera en una nota a pie de página de su artículo «Crisis y orientación. Apuntes sobre el pensamiento de Karl Mannheim», *Revista Española de Investigaciones Sociológicas*, núm. 62, abril-junio 1993, pp. 20-21. Sánchez de la Yncera reconoce cómo le ilustraron unos comentarios de Martín López «surgidos en el curso de la conversación personal, pero también a una conferencia sobre Mannheim, dictada por Martín López durante el curso 1988-89, a la que tuve ocasión de asistir y cuyo texto original, que aún no ha sido publicado, conservo. Confieso que mi interés por trabajar en profundidad la obra de Mannheim creció con ímpetu a partir de aquella luminosa sesión». Lo mismo puedo afirmar yo respecto del artículo que cito.

Durante sus años universitarios y posteriores, se empapa de la filosofía y la sociología alemanas: Kant, Hegel, Marx, Ernst Troeltsch, Max Scheler, Max Weber, Leopoldo von Wiese, Ferdinand Tönnies[13]...

En 1915 inicia su relación con el Círculo Dominical, fundado por Lukács. Allí conoce a otros intelectuales de Budapest, como el escritor Béla Balázs, el músico Béla Bartok o el historiador del arte Arnold Hauser. El grupo se reúne todos los domingos para hablar sobre los problemas de la cultura europea contemporánea. Con muchos de ellos coincide también en la Escuela Libre de Humanidades.

En 1917, imparte su conferencia «Alma y cultura», en la que aboga por un «redespertar de la espiritualidad» frente al positivismo. Para ello, propone volver a autores como el Maestro Eckhart, Kant, Dostoievski o Kierkegaard[14]. Su apacible vida intelectual salta por los aires con los acelerados cambios políticos que se suceden en Hungría entre 1918 y 1920.

El 30 de octubre de 1918, se produce en Budapest un alzamiento –tolerado por el ejército– contra el gobierno dependiente del emperador Carlos I de Austria y IV de Hungría. Al día siguiente, es nombrado primer ministro Mihály Károlyi, que encabeza un gobierno formado por una coalición de partidos de centroizquierda. Entre las prioridades de la coalición está lograr la independencia de Hungría, promover la democracia y los derechos civiles (sufragio femenino, trato igual a las minorías nacionales, liberación de los presos políticos...), impulsar una reforma agraria, etc.

El 9 de noviembre de 1918, tres días antes de que acabe la Primera Guerra Mundial, Mannheim obtiene el grado de doctor en filosofía en la Universidad de Budapest, con una tesis titulada *El análisis estructural de la epistemología.*

---

13 Sobre las influencias intelectuales de Mannheim, véase SÁNCHEZ DE LA YNCERA, I., *op. cit.*, pp. 17-43.

14 Véase LAMO DE ESPINOSA, E. (1993) «En el centenario de Karl Mannheim (1893-1947)», *Revista Española de Investigaciones Sociológicas*, núm. 62, abril-junio, p. 8.

Una semana después, el 16 de noviembre, se disuelve el Imperio austrohúngaro y se proclama la independencia de Hungría. Károlyi, que cuenta con un amplio respaldo social, es nombrado presidente de la recién inaugurada República Popular de Hungría (1918-1919).

Pero las grandes expectativas puestas en el nuevo gobierno se desvanecen rápidamente, en parte por el caos institucional interno, y en parte por las disputas territoriales con los países vecinos. Las esperadas reformas de Károlyi no terminan de llegar y, en pocos meses, la ilusión da paso al descontento, una de cuyas manifestaciones más graves es el auge de la derecha y la izquierda extremas.

Esta radicalización de la sociedad húngara debió de estar muy presente en la mente de Mannheim cuando, años después, escribe sobre la necesidad de desarrollar una ciencia política que contrarreste el irracionalismo de las masas.

Ante la incapacidad del gobierno de sacar adelante su plan de reformas y de hacer frente a las exigencias territoriales de la Entente, Karolyi y los suyos dimiten el 20 de marzo de 1919. Su idea es formar un nuevo gobierno socialista, pero el consejo de soldados exige que los comunistas también asuman el poder. Los socialdemócratas ceden y forman una coalición en la que los comunistas llevan la voz cantante. Al día siguiente, instauran la República Soviética Húngara.

En aquellas fechas ya es patente el distanciamiento entre Mannheim y Lukács. Si Mannheim sintoniza con el reformismo de corte liberal progresista de Károlyi y Oszkár Jászi, hombres clave en la fallida República Popular de Hungría, Lúkacs y sus colegas del Círculo Dominical ingresan en el Partido Comunista, fundado pocos meses antes por Béla Kun.

Lukács se proclama marxista en 1918[15]. Mannheim rompe con él pocos meses después, en buena medida porque discrepa de sus planteamientos revolucionarios. Además, Mannheim

---

15 Véase KETTLER, D., MEJA, V. y STEHR, N., *op. cit.*, pp. 64-65.

rehúsa afiliarse al Partido Comunista y se mantiene al margen del nuevo régimen, aunque sí accede a enseñar filosofía en la Universidad de Budapest cuando esta fue reorganizada en abril de 1919. Sobre la independencia de criterio de Mannheim deja constancia el ya citado Arnold Hauser: «Con el tiempo, su espíritu crítico destacó aún más, en la medida en que nosotros nos volvimos tan receptivos para los dogmas de Lukács»[16].

En poco tiempo, el gobierno comunista de Béla Kun se vuelve muy impopular, también entre las clases a las que se supone iba a beneficiar: las reformas sociales encaminadas a mejorar las condiciones de vida de obreros y campesinos no logran compensar el descontento que cala en todos los estratos sociales. Hay hambre, supresión de libertades, inflación, nacionalizaciones, corrupción, arbitrariedad en nombre de la dictadura del proletariado, incertidumbre ante el avance del ejército rumano...

Y a medida que crece la oposición de la calle, también aumenta la intensidad de la represión del gobierno. Particularmente sangrienta es la purga que se desata en junio para sofocar las revueltas ciudadanas. A sembrar el «terror rojo», que incluye ejecuciones sumarias, contribuye una oscura cuadrilla de matones rusos conocidos como «los chicos de Lenin», tolerada por el gobierno.

La caída del régimen se precipita cuando los sindicatos se plantan y retiran su apoyo al gobierno. Este cede el poder a los socialdemócratas el 1 de agosto de 1919. El 2 de agosto abolen la república soviética. Y el 3, las tropas rumanas entran en Budapest hasta acabar ocupando prácticamente todo el país.

Entretanto, el militar derechista Miklós Horthy, quien se había exiliado para huir del comunismo, regresa a Hungría al frente de un ejército que alberga en sus filas a violentos grupos nacionalistas con sed de venganza. Comienza entonces el llamado «terror blanco» (1919-1921), un período de represión que incluye tortu-

---

16 HAUSER, A., citado por USÓN PÉREZ, V., *Libertad y planificación. La «planificación para la libertad» de Karl Mannheim*, p. 38.

ras, secuestros y asesinatos. Entre los represaliados abundan los comunistas, los campesinos y los judíos.

Mannheim tiene que exiliarse pues estaba marcado como cómplice del gobierno comunista, por haber enseñado en la universidad bajo el régimen comunista[17].

2.2. ALEMANIA: MIS AMIGOS LOS WEBER Y LA REPÚBLICA DE WEIMAR

En agosto de 1919, Mannheim emigra a Viena. Poco después, en febrero de 1920, llega a Friburgo. Y finalmente, en marzo, se establece en Heidelberg. Allí se casa, en 1921, con la psicóloga Juliska Lang y recupera la tranquilidad de la vida académica y cultural, lo que contrasta con el caos que vive Alemania durante la República de Weimar (1918-1933).

Cuando Mannheim llega a Heidelberg, la economía alemana se encuentra bajo mínimos. El valor del marco cae en picado, la inflación se dispara y las condiciones de vida de las clases media y obrera sufren un fuerte deterioro. Además, crece el resentimiento por las duras exigencias del Tratado de Versalles. La insatisfacción de los alemanes se agudiza con la insistencia por parte de los aliados en los pagos de reparación, y por la ocupación francesa y belga del Ruhr como represalia por la demora en los pagos[18].

A esto hay que añadir los desórdenes políticos y los levantamientos que llegan desde la izquierda –como la revolución espartaquista (1919) o el levantamiento obrero en la región del Ruhr (1920)– y desde la derecha –como el golpe de Estado de Wolfgang Kapp (1920) o el *Putsch* de Múnich, promovido por los nazis (1923)–.

Una vez más, este nuevo escenario de inestabilidad debió de dejar una huella profunda en la obra de Mannheim. Así, por ejemplo, cuando años después subraya la necesidad de asegurar

---

17 Véase REMMLING, G. W., *op. cit.*, pp. 13-17.
18 Véase *ibid.*, pp. 33-34.

el bienestar material mínimo como garantía de la paz social, no es disparatado suponer que tenía en mente a Alemania.

Entre 1922 y 1924, Mannheim se centra en sus investigaciones académicas bajo el influjo del sociólogo y economista Alfred Weber, su segundo mentor y hermano de Max Weber. En estos escritos, da el paso de la filosofía a la sociología de la cultura y del conocimiento. En 1925, presenta como tesis de habilitación un estudio sobre la formación del pensamiento conservador alemán en la primera mitad del siglo XIX. Dicha habilitación le faculta para ser nombrado profesor asociado en la Universidad de Heidelberg.

Mientras permanece en Heidelberg, asiste al círculo intelectual de Marianne Weber, socióloga, política y firme defensora de los derechos de las mujeres, quien había enviudado pocos años antes de Max Weber. Allí Mannheim entra en contacto con otras grandes figuras del pensamiento alemán como Karl Jaspers, Heinrich Rickert, Ernst Bloch o Martin Buber. También conoce la fenomenología directamente de Edmund Husserl y Martín Heidegger[19] y lee con interés a Sigmund Freud, John Dewey y José Ortega y Gasset.

La situación de Alemania mejora considerablemente con la llegada al poder, en agosto de 1923, de Gustav Stresemann. Con su política pragmática, estabiliza la economía y repara las relaciones diplomáticas. En 1924, los aliados facilitan a Alemania el pago de las indemnizaciones; en 1925, tras los Acuerdos de Locarno, retiran sus fuerzas de ocupación; y en 1926, Alemania es elegida miembro de la Sociedad de Naciones.

Pero la depresión económica mundial de 1929 –año en que Mannheim publica *Ideología y utopía*– vuelve a sumir a Alemania en una nueva crisis: quiebran negocios, crece el desempleo y los partidos extremistas, tanto de derechas como de izquierdas, ganan adeptos. En las elecciones de 1930, el partido de Adolf Hitler pasa de 12 diputados a 107. Los comunistas también crecen de forma notable, mientras los partidos de centro retroceden.

---

19   Véase SÁNCHEZ DE LA YNCERA, I., *op. cit.*, p. 22.

A mediados de ese año, Mannheim toma posesión de la Cátedra Franz Oppenheimer en la Universidad de Frankfurt, como profesor de sociología y economía política, y es designado director de su seminario sociológico. Allí tiene como discípulo a Norbert Elias y trata a los miembros del Instituto de Investigación Social (Theodor Adorno, Erich Fromm, Max Horkheimer, Herbert Marcuse...), si bien no llegan a sintonizar. Según Horkheimer, las relaciones de Mannheim «con el Instituto eran relativamente amigables, (...) pero no compartíamos sus teorías»[20]. También forma parte de un círculo socialista cristiano organizado en torno a Paul Tillich.

En 1932 se convocan nuevas elecciones. El voto nazi baja pero, al subir los comunistas hasta los 100 escaños, la derecha cierra filas en torno a Hitler, que es nombrado canciller de Alemania el 30 de enero de 1933.

Con el ascenso al poder del Partido Nacionalsocialista, llegan las primeras depuraciones. El 13 abril de ese año, Mannheim es destituido junto a otros colegas, como Tillich y Horkheimer, con los que comparte origen judío y cierta afinidad ideológica con posiciones de izquierdas[21].

2.3. INGLATERRA: EL *MOOT* O CÓMO REVITALIZAR LA CULTURA EUROPEA

Tras ser expulsado de su cátedra en Frankfurt, Mannheim imparte clases y conferencias en varias universidades de Holanda. En esa breve estancia, empieza a albergar nuevas preocupaciones intelectuales.

El 16 de mayo de 1933, recibe una carta del director de la London School of Economics, Lord William Beveridge, en la que este le invita a trabajar en dicha institución. Un mes después, se instala en Londres. En octubre de 1933 comienza a enseñar

---

20 HORKHEIMER, M., citado en REMMLING, G. W., *op. cit.*, p. 115.
21 Véase USÓN PÉREZ, V., *Libertad y planificación. La «planificación para la libertad» de Karl Mannheim*, p. 83.

como profesor ayudante de sociología en la London School of Economics, dentro del programa de acogida en las universidades de los profesores desterrados de Alemania. En principio, el nuevo destino reúne todas las condiciones para hacer las delicias de Mannheim. «En la LSE [London School of Economics] –escribe Valentín Usón Pérez– se respira un aire fabiano de reforma social, con una marcada tendencia laborista, en convivencia con una actitud liberal: pluralismo unido a la búsqueda de la imparcialidad y objetividad científicas. Mannheim no puede sentirse incómodo en este ambiente tolerante»[22].

Sin embargo, la llegada del sociólogo húngaro no resulta fácil. Es verdad que, en ocasiones, desborda entusiasmo. «La vida en Londres –afirma en una carta escrita a un amigo– es deliciosa; los ingleses están cambiando rápidamente. El dinamismo de este tiempo me recuerda un poco a la República de Weimar, y lo pone de manifiesto también el aumento numérico de mis seguidores entre los estudiantes y el público en general. Le queda a uno el sentimiento de estar cumpliendo una "misión"»[23].

Pero otras veces, se siente amargado por la autosuficiencia de algunos de sus colegas. «Inglaterra me deja la impresión de estar demasiado segura de sí misma, y de que sus intelectuales están muy poco turbados interiormente como para poner en tela de juicio la rutina filosófico-histórico-estética y para darse cuenta de que la vida nos desafía con preguntas nuevas»[24].

A estas dificultades para ser aceptado en los círculos académicos británicos hay que añadir el encontronazo intelectual que mantiene con Fiedrich Hayek y Karl Popper. Lo veremos en el capítulo 6.

---

22 USÓN PÉREZ, V., *Libertad y planificación. La «planificación para la libertad» de Karl Mannheim*, p. 87. Ver también USÓN PÉREZ, V. (1993), «Karl Mannheim (1893-1947): La construcción social de la libertad», *Revista Española de Investigaciones Sociológicas*, núm. 62, abril-junio, p. 87.
23 MANNHEIM, K., citado en KETTLER, D., MEJA, V. y STEHR, N., *op. cit.*, p. 236.
24 MANNHEIM, K., citado en *ibid.*, p. 202.

Sin embargo, encuentra buena acogida en un grupo de importantes intelectuales cristianos conocido como el *Moot*. Constituido en 1938 por Joseph H. Oldham y disuelto en 1947, sus miembros se reunían cuatro fines de semana al año para discutir sobre las implicaciones de algunas transformaciones socioculturales en marcha y para explorar formas de revitalizar la cultura europea[25].

Mannheim entabla amistad allí con figuras como el poeta T. S. Eliot, el historiador Christopher Dawson, el filósofo H. A. Hodges, el escritor y crítico literario John Middleton Murry, el pedagogo Sir Fred Clarke, director del Instituto de Educación de la Universidad de Londres...

Prueba de la sintonía de Mannheim con este grupo es que «fue el único miembro, salvo Oldham, que estuvo presente en las dieciocho ocasiones en las que se llevaron registro»[26]. El contacto con este foro acentúa el interés de Mannheim por la religión; en él presenta el último capítulo de su obra *Diagnóstico de nuestro tiempo*, titulado «Hacia una nueva filosofía social: una incitación a los pensadores cristianos por parte de un sociólogo».

Gracias a su participación en este grupo, explica Julián Morales Navarro glosando a Mannheim, el sociólogo húngaro llega a persuadirse «de que la sociología y la filosofía social no pueden permitirse el lujo de permanecer "ciegas a la religión" así como una preocupación verdaderamente religiosa respecto del mundo no puede permanecer "ciega a la sociedad"»[27].

Y aunque sus amigos de discusiones en el *Moot* discrepaban de no pocos de sus planteamientos, le tenían en alta consideración. Esto escribe T. S. Eliot en un comentario que acompaña a la nota necrológica sobre Mannheim publicada en *The Times*:

---

25 Véase KURLBERG, J. (2019), *Christian Modernism in an Age of Totalitarianism: T.S. Eliot, Karl Mannheim and the Moot*, Londres, Bloomsbury Academic.

26 KETTLER, D., MEJA, V. y STEHR, N., *op. cit.*, p. 238.

27 MORALES NAVARRO, J. (1976), «Dimensión axiológica de la sociognoseología de K. Mannheim», *Anuario Filosófico*, vol. 9, núm. 1, pp. 277-278.

En las discusiones informales dentro de un grupo pequeño, alcanzó un ascendiente que jamás buscó, sino que, antes bien, le fue impuesto por el deseo intenso de los demás de escuchar lo que tenía que decir. (...) Su conversación fue siempre estimulante del pensamiento original[28].

Tras adquirir la ciudadanía británica en 1940, Mannheim pasa los años de la Segunda Guerra Mundial (1939-1945) en la London School of Economics de Cambridge. Cuando acaba la amenaza aérea, regresa a Londres y enseña en la London School hasta que dimite el 31 de diciembre de 1945. Al día siguiente, ocupa la Cátedra de sociología y filosofía de la educación en el Instituto de Educación de la Universidad de Londres.

También dirige la prestigiosa Biblioteca Internacional de Sociología y Reconstrucción Social. Su prematura muerte el 9 de enero de 1947, a causa de una pulmonía, le impide ocupar la presidencia de la Sección Europea de la Organización Cultural, Científica y Educativa de la Naciones Unidas (UNESCO), cargo que le habían ofrecido poco antes[29].

3. TRES ESCENARIOS GEOGRÁFICOS Y ESPIRITUALES

La mayoría de estudios sobre Mannheim suelen clasificar su obra en dos grandes etapas, que corresponden aproximadamente a sus estancias en Alemania e Inglaterra. Así, por ejemplo, Edward Shils distingue entre el período alemán, centrado en la sociología del conocimiento o del saber, y el período inglés, en el que se ocupa principalmente del estudio de la estructura de la sociedad moderna[30].

---

28 ELIOT, T. S. (1947), «Professor Karl Mannheim», *The Times*, 25 de enero, p. 7., citado en KETTLER, D., MEJA, V. y STEHR, N., *op. cit.*, p. 284.

29 Véase USÓN PÉREZ, V., *Libertad y planificación. La «planificación para la libertad» de Karl Mannheim*, p. 89.

30 Véase SHILS, E. (1975), «Mannheim, Karl», en *Enciclopedia Internacional de las Ciencias Sociales*, tomo 6, Aguilar, Madrid, 1975, pp. 743-747.

En la misma línea, Emilio Lamo de Espinosa habla de una primera etapa alemana, en la que «los problemas de la ideología y de la sociología del conocimiento fueron el principal campo de trabajo», y una segunda etapa inglesa, caracterizada por «el estudio de la estructura de la sociedad actual en orden a una reconstrucción planificada y racional de la sociedad»[31].

Algunos autores matizan un poco más. Así, Gunter W. Remmling identifica cuatro etapas atendiendo al objeto de estudio predominante en cada momento: primera (de 1918 a 1932), centrada en la filosofía y la sociología del conocimiento; segunda (de 1933 a 1938), orientada a la sociología de la planificación; tercera (de 1939 a 1944), marcada por la sociología de la religión, de los valores y de la educación; y cuarta (de 1945 a 1947), dedicada a la sociología política y del poder[32].

Por su parte, Kurt H. Wolff señala tres períodos (húngaro, alemán e inglés) «que se corresponden –en palabras de Enrique Martín López– con sus tres etapas biográficas, definidas por tres escenarios geográficos y espirituales muy distintos»[33]. En esta monografía tomo de base esta última distinción y realizo mi propia síntesis.

La primera etapa, desarrollada en Hungría, es eminentemente filosófica y está centrada en la teoría del conocimiento. Su primera obra de este período es la conferencia «Alma y cultura», impartida en la Escuela Libre de Humanidades en 1917 y publicada en 1918. A esta disertación siguieron otras investigaciones sobre la crisis de la cultura; todas ellas sirvieron de base para su tesis doctoral *Análisis estructural de la epistemología*, presentada en la Universidad de Budapest en 1918.

---

31 LAMO DE ESPINOSA, E. (1998), «Mannheim, Karl», en Salvador Giner, Emilio Lamo de Espinosa y Cristóbal Torres, *Diccionario de Sociología*, Madrid, Alianza, pp. 449-450.

32 Véase REMMLING, G. W., *op. cit.*, pp. 13-17.

33 Véase MARTÍN LÓPEZ, E., «Conocimiento y acción social. Karl Mannheim: las cuatro etapas de su producción científica».

Recordemos que esta etapa se desarrolla en un momento de máxima agitación política en Hungría. De ahí que Martín López afirme:

> El Mannheim de la primera etapa podría recibir del Mannheim de la segunda [y de la tercera, cabe añadir] la misma crítica que este hizo de la sociología formal de Von Wiese: que ocuparse de cuestiones abstractas, en vez de tratar de los problemas vivos de su tiempo, no es otra cosa que evitar la implicación personal y eludir el compromiso a que todo científico está inexcusablemente obligado[34].

El comienzo de la segunda etapa puede situarse en torno a 1920, tras su llegada a Alemania o, incluso, unos pocos meses antes, pues ya en su breve estancia en Holanda se vislumbra un cambio de intereses. En cualquier caso, fue en la Universidad de Heidelberg donde Mannheim da el paso de la filosofía a la sociología, con la publicación en 1925 de su artículo «El problema de una sociología del conocimiento».

En esta época, en la que está presente «cierto tono marxista»[35], sus preocupaciones se vuelven más pegadas al momento histórico que atraviesa Europa. El concepto de ideología, el papel de los intelectuales y el problema de cómo los contextos sociales y económicos condicionan los procesos de conocimiento constituyen sus principales intereses entonces.

Esta etapa alcanza su punto álgido en 1929 con la aparición de *Ideología y utopía*. La mayor parte de artículos de estos años están recopilados en sus libros *Ensayos de sociología de la cultura* –que reúne algunos de sus estudios más conocidos, como los relativos al historicismo, el pensamiento conservador o las generaciones–, y *Ensayos de sociología y psicología social*.

Tras la llegada de Mannheim a Inglaterra, en 1933, da comienzo su tercera etapa. En ella se distancia del marxismo y vuelve los

---

34 *Ibid.*
35 *Ibid.*

ojos a la búsqueda de valores estables como respuesta al avance de los sistemas totalitarios, preocupación que se acentúa durante la Segunda Guerra Mundial (1939-1945). En palabras de Remmling:

> Mannheim dirigió sus esfuerzos teóricos principalmente a cuestiones concernientes al papel de los valores y la educación en la democracia. Se dio cuenta de que la Alemania nazi, encarnación fanática del deseo de poder no podía ser derrotada solo con las armas; la victoria dependía en gran medida del entusiasmo popular, de la voluntad de superación y del compromiso ante los valores democráticos[36].

Asunto central de esta etapa es su empeño por reconstruir las democracias liberales a través de la planificación democrática, un objetivo que exige también la regeneración del individuo. Él mismo admite que suena contradictorio: «Promover los valores liberales con ayuda de las técnicas de la moderna sociedad de masas tal vez sea una empresa paradójica»[37], pero no ve otra salida al momento de descomposición que vive Europa.

Dos obras capitales de este período son *Libertad y planificación social,* publicada en 1935 bajo el título *Mensch und Gesellschaft in Zeitalter des Umbaus* (revisada, aumentada y traducida al inglés como *Man and Society in an Age of Reconstruction: Studies in Modern Social Structure, 1940)*; y *Diagnóstico de nuestro tiempo,* publicada en 1943. Obras póstumas son: *Libertad, poder y planificación democrática* (1950) e *Introducción a la sociología de la educación* (1962).

4. UNA OBRA VIVA: LAS RAZONES DE UN ESTILO

Mannheim no lo tuvo fácil para crear escuela, por culpa –en buena medida– de las migraciones a que se vio abocado. Con todo, no le faltaron algunos discípulos, como los sociólogos Norbert Elias y

---

36 REMMLING, G. W., *op. cit.,* p. 179.
37 MANNHEIM, K., Carta a Oszkár Jászi del 8 de noviembre de 1936. Citada en KETTLER, D., MEJA, V. y STEHR, N., *op. cit.,* p. 32.

Hans Gerth. Según testimonia Edward Shils, Mannheim fue «un brillante profesor, pero solamente enseñó durante cuatro años en Alemania, y aunque varias tesis doctorales interesantes fueron redactadas bajo su dirección, las publicaciones de sus discípulos durante este período en Frankfurt no fueron lo abundantes ni lo suficientemente especializadas»[38].

Otros autores mostraron una alta estima por los estudios de Mannheim sobre las ideologías, el papel de los intelectuales o la sociedad de masas[39]. Dicen Kettler y su equipo: «En su original alemán, *Ideología y utopía* dio origen a deslumbrantes reseñas de Hannah Arendt, Max Horkheimer, Herbert Marcuse, Paul Tillich y otros representantes destacados de una generación más joven de intelectuales. En su versión inglesa ha tenido una extraordinaria recepción en los Estados Unidos, después de una favorable crítica inicial que contribuyó a labrar el prestigio de Robert K. Merton y de C. Wright Mills»[40].

En la difusión de Mannheim en España fue decisiva la labor de sociólogos como Enrique Gómez Arboleya[41] y Francisco Ayala. Este último, además de traducir *Mensch und Gesellschaft im Zeitalter des Umbaus* (1935) tan solo un año después de su publicación original, afrontó en varios ensayos posteriores la cuestión de la reforma del liberalismo a la luz de las nuevas condiciones sociales que trajo la Segunda Guerra Mundial[42].

Entre los divulgadores de Mannheim en América Latina destaca, sobre todo, José Medina Echavarría, traductor de *Diagnóstico de nuestro tiempo* y exiliado como él. El sociólogo español sinto-

---

38 SHILS, E. (1971), *Génesis de la sociología contemporánea*, versión castellana de Amando de la Cruz Tomé, Madrid, Seminarios y Ediciones, S. A., p. 49.
39 Véase SHILS, E., (1975) «Mannheim, Karl», en *Enciclopedia Internacional de las Ciencias Sociales*, tomo 6, Aguilar, Madrid, p. 747.
40 KETTLER, D., MEJA, V. y STEHR, N., *op. cit.*, p. 16.
41 Véase, por ejemplo, una referencia a Mannheim en GÓMEZ ARBOLEYA, E. (1954), «Teoría del grupo social», *Revista de Estudios Políticos*, núm. 76, pp. 3-34.
42 Véase RIBES LEIVA, A. J. (2004), «Sociología y literatura en Francisco Ayala», *Política y Sociedad*, vol. 41, núm. 2, pp. 53-73.

nizó especialmente con su preocupación por la crisis de la democracia y el papel de los intelectuales, entre otras[43].

Las aportaciones de Mannheim sobre la planificación democrática también dieron que hablar. Como veremos en el capítulo 6, Friedrich Hayek y Karl Popper dedicaron algunos de sus dardos más afilados a las tesis intervencionistas de Mannheim. Pero más que esta oposición abierta, seguramente lo que más frustró a Mannheim en Inglaterra es que sus diagnósticos sobre el aumento de la irracionalidad política, el declive de la cultura o la crisis del liberalismo no impresionaron a sus colegas británicos (sí a los intelectuales del *Moot*). En contraste con Estados Unidos, se queja Mannheim en una carta dirigida al sociólogo estadounidense Louis Wirth en 1938:

> Aquí, es necesario pelearse demasiado con aquellos que temen mirar a la cara al conocimiento nuevo y volver a aprender. Esto es válido por encima de todo para mi colega [Morris Ginsberg] (...) que inclusive llegó a querer deshacerse de mí, por miedo a lo que le pudiera pasar a su manera de hacer sociología alejada de la vida[44].

De lo que no cabe duda es que, pese a la frialdad con que algunos le recibieron en Inglaterra, también allí fue «sinceramente respetado y admirado por cierto número de personas de altura intelectual». Más allá de la afinidad ideológica que suscitara o de lo convincentes que resultaran sus remedios, Mannheim se había convertido por entonces «en una personalidad destacada –vigorosa, interesante, articulada–, en figura de la vida cultural e intelectual, en conversador vivaz y estimulante»[45].

La participación activa de Mannheim en foros intelectuales de distintas tendencias, sus constantes migraciones y su parti-

---

43 Véase BLANCO, A. (2009), «Karl Mannheim en la formación de la sociología moderna en América Latina», *Estudios Sociológicos*, vol. XXVII, núm. 80, mayo-agosto, p. 408, El Colegio de México, A. C., Distrito Federal, México.

44 MANNHEIM, K., citado en KETTLER, D., MEJA, V. y STEHR, N., *op. cit.*, pp. 222-223.

45 KETTLER, D., MEJA, V. y STEHR, N., *op. cit.*, pp. 281 y 283.

cular crecimiento intelectual le llevaron a madurar un estilo de pensamiento propio, caracterizado por el esfuerzo por comprender puntos de vista enfrentados.

También se empeñó en hacer una síntesis entre el enfoque práctico de la cultura inglesa y el teórico de la alemana. Para él, no había oposición. Se trataba de una «inútil contienda», pues –como él mismo explicaba– «no puede haber empirismo sin una definición cuidadosa de los conceptos, ni conceptos realistas sin empirismo»[46]. Y añadía: «El desdén que con tanta frecuencia sienten unas ciencias por otras, los mecanismos de defensa que trazan para defenderse contra los métodos de las otras, son una especie de ideología profesional»[47].

Esta postura no siempre fue comprendida. En efecto, dicen Kettler y sus colegas:

Sus intereses filosóficos y sus métodos especulativos lo hacen sospechoso para muchos sociólogos empíricos; y su seria búsqueda de maneras científicas de disciplinar sus investigaciones hace que lo rechacen los antipositivistas. Solo cuando estas oposiciones simplistas pierden plausibilidad, puede reconocerse la innegable presencia de Mannheim en los puntos de partida de la mayoría de las preguntas fundamentales[48].

La defensa que hace Mannheim de la compatibilidad entre el conocimiento teórico y la observación empírica de los hechos nace, de un lado, de su confianza en la unidad del saber. Y, de otro, de su comprensión de la sociedad como una totalidad de fenómenos y procesos que están interrelacionados.

Tenemos que encararnos, pues, con el problema de cómo desarrollar una visión integral de las relaciones humanas, dentro de nuestro estado actual de conocimiento fragmentado o, si es necesario, a partir de él.

---

46 MANNHEIM, K. (1946), *Libertad y planificación social*, versión de Rubén Landa, 2ª ed. española, Fondo de Cultura Económica, México, p. 36.

47 *Ibid.*

48 KETTLER, D., MEJA, V. y STEHR, N., *op. cit.*, p. 17.

Debemos aprender a observar los hechos aislados en sus correlaciones y a ajustar los segmentos de visión en una perspectiva sintetizada[49].

Por este motivo, choca con aquellos colegas suyos que identifican la sociología con el mero levantamiento de datos o que fían el avance de la comprensión de la sociedad a la especialización excesiva:

> Estoy convencido –dice– de que la pobreza de nuestro conocimiento sociológico con respecto a las cuestiones esenciales se debe al hecho de que las ciencias sociales especializadas se han dedicado exclusivamente a los detalles y han cerrado sus puertas a los problemas esenciales que involuntariamente han sido impuestos a las otras profesiones[50].

Para Mannheim, la hiperespecialización genera otro problema: el abandono de los temas vitales, como comprobó en sus propias carnes durante su etapa húngara. Gracias a esa experiencia, en sus períodos alemán e inglés llega al convencimiento de que la sociología no debía ocuparse de nimiedades, sino de los grandes problemas sociales y políticos de su tiempo. Sobre todo, en un momento histórico tan grave como el que le tocó vivir. De ahí el reproche que lanza a algunos de sus colegas: «Nuestros mejores sociólogos han evitado los grandes temas»[51]. Y lamenta que «la sociología continuará ignorando las cuestiones esenciales mientras los especialistas se nieguen a considerar sus problemas como un todo»[52].

Frente a este enfoque, la sociología de Mannheim trata de diagnosticar problemas sociales y, al mismo tiempo, busca remedios a la manera de lo que hace la medicina, analogía que él usa a veces. De ahí su preferencia por el estilo ensayístico.

---

49 K. MANNHEIM, K. (1957), *Ensayos de sociología de la cultura*, Madrid, Aguilar, p. 42.
50 MANNHEIM, K. (1946), *Libertad y planificación social*, versión de Rubén Landa, 2ª edición española, Fondo de Cultura Económica, México, p. 38.
51 MANNHEIM, K., *Libertad y planificación social*, p. 38.
52 *Ibid.*, p. 39.

Mannheim jamás publicó otra cosa que ensayos. Sus obras más famosas, *Ideología y utopía* y *Hombre y sociedad en una época de reconstrucción* [*Libertad y planificación social*] fueron colecciones de ensayos –diferentes en inglés y en alemán– y cada una de ellas fue expresamente anunciada como una reunión de "experimentos de pensamiento", en los que se había puesto a explorar posibilidades teóricas relacionadas entre sí, pero no necesariamente congruentes[53].

Esto le permite revisar sus propios diagnósticos y moverse a la velocidad que lo hace la sociedad. Por eso, no hay que exigir a su obra una sistematicidad y una coherencia que no pueden dar. La suya es una obra viva, que toma partido ante las circunstancias históricas concretas. Y el hecho de que un mismo volumen reúna escritos con fechas muy variadas explica buena parte de sus contradicciones.

A veces, el acusado interés de Mannheim por los problemas de su tiempo se torna en impaciencia e, incluso, en tenso nerviosismo. Entonces deja de hablar el sociólogo y habla el reformador social. Así ocurre, por ejemplo, cuando reclama a sus colegas del *Moot* una movilización más seria de sus «recursos intelectuales y espirituales». Entre febrero y abril de 1940, sus quejas adquieren un tono pesaroso: «Me asombra nuestro letargo», lamenta en una ocasión. Y en otra:

> Estamos aguardando siempre a los medios. Pero ¿acaso no existen los medios? Por ejemplo, el movimiento de la juventud cristiana que está aguardando quien la dirija, el acceso de Oldham a personajes que ocupan posiciones clave, la *Christian Newsletter*, la BBC, las escuelas que no son del gobierno, los grupos de las iglesias, etc. Nos da pereza la acción»[54].

Este desdoblamiento entre el Mannheim sociólogo y el Mannheim reformador social es quizá uno de los puntos más ambiguos de su obra. De un lado, se queja de los sociólogos que eluden los diagnósticos críticos y los juicios de valor en nombre

---

53 KETTLER, D., MEJA, V. y STEHR, N., *op. cit.*, p. 57.
54 K. MANNHEIM, citado en KETTLER, D., MEJA, V. y STEHR, N., *op. cit.*, p. 256.

de la mal comprendida tesis de Max Weber acerca de la «neutralidad axiológica» de la sociología. De otro, no siempre deja claro cuándo habla como sociólogo y cuándo lo hace como intelectual comprometido, algo que sí exige la comprensión weberiana de la sociología como una «ciencia libre de valores».

Conviene tener presente esta observación al analizar su obra: cuando Mannheim habla de tomar partido a favor de unos valores concretos no está hablando desde la sociología –que no entra a pronunciarse sobre la validez intrínseca de unos valores frente a otros–, sino desde el compromiso ético y político. Y lo mismo puede decirse de algunas de sus propuestas.

Mannheim no siempre logra escapar de la presión de las condiciones históricas y el reformador –e, incluso, el ideólogo visionario– termina por imponerse al sociólogo.

DIAGNÓSTICO DE UNA EUROPA EN GUERRA

voy
avanzando lentamente, hundiendo los brazos
en sangre,
algunas
veces tragando sangre,
voy sobre Europa
como en la proa de un barco desmantelado
que hace sangre.

Blas de Otero

1. OBJETIVO: COMPRENDER PARA SALVAR LA DEMOCRACIA

Karl Mannheim no fue un erudito ajeno a los problemas de su época. Por el contrario, «al igual que los grandes sociólogos del pasado, como Comte y Spencer, Marx y Max Weber, Mannheim se lanzó a los estudios sociológicos como una respuesta al desafío del presente»[55]. A medida que transcurre su vida, ese compromiso se acentúa.

---

55 BRAMSTED, E. K., y GERTH, H., «Nota sobre la obra de Karl Mannheim», en MANNHEIM, K., *Libertad, poder y planificación democrática*, p. 9.

Tras su exilio forzoso a Inglaterra, en 1933, aparca sus estudios epistemológicos para ocuparse de los problemas de la reconstrucción del orden social y la regeneración del individuo. Sin llegar a desaparecer del todo, el Mannheim especulativo de *Ideología y utopía* deja paso a «un pensador para el cual "pensar" significa cada vez más la unidad de diagnóstico y terapia. El despreocupado observador crítico se ha convertido en un estratega político y social que trata de comprender para que otros puedan actuar»[56]. Diagnóstico y terapia son, desde ahora, aspectos inseparables de su obra.

Mannheim comienza el diagnóstico sobre la sociedad de su tiempo con dos preguntas fundamentales: ¿cuáles son los factores sociales que han conducido al derrumbamiento de las democracias liberales? y, ¿cómo explicar el auge de los totalitarismos en la situación actual?

Frente a la tesis marxista de la lucha de clases, propone tres hipótesis:

1. Que la mayor parte de los síntomas de nuestro tiempo son debidos al paso del *laissez faire* a una sociedad planificada.

2. Que el paso de la democracia de unos pocos a una sociedad de masas explica otra serie de cambios.

3. Que los cambios en la técnica social son causa de un tercer grupo de cambios que han alterado profundamente nuestra vida social[57].

Para Mannheim, el colapso de la democracia y el correlativo auge de las pulsiones totalitarias «no son síntomas pasajeros de una crisis, sino un cambio en la estructura misma de la sociedad moderna»[58]. Algo ha cambiado en el orden social y en la psicología de los hombres, para que el fascismo y el comunismo hayan podido gozar de tanta aceptación en Europa. El sociólogo húngaro encuentra la explicación de ese cambio en la influencia desintegradora que el liberalismo ejerce en la moderna sociedad de masas.

---

56 *Ibid.*, p. 14.
57 MANNHEIM, K., *Libertad y planificación social*, p. 253.
58 *Ibid.*, p. 9.

Bajo el mecanismo del *laissez faire* –dice–, la sociedad funciona sin dirección alguna. Esta falta de dirección provoca desajustes sociales profundos, a la vez que proporciona oportunidades a los grupos que tienen ambiciones dictatoriales. En los próximos epígrafes veremos cómo justifica esta tesis. Lo que interesa destacar ahora es que el origen de su crítica a las disfunciones producidas por la interacción entre el orden liberal y la sociedad de masas no está, como él mismo aclara, «ni en la censura de las masas por esnobismo (muy extendida hoy) ni en la murmuración fácil contra los principios del liberalismo y la democracia», sino que tiene una finalidad constructiva:

> El motivo último es más bien el deseo de hacer un llamamiento a quienes todavía consideran la libertad y la justicia como valores esenciales, para que piensen qué medios son adecuados para asegurarlas bajo las nuevas condiciones técnicas y sociales del mundo actual[59].

2. POR QUÉ DICE MANNHEIM QUE LA PLANIFICACIÓN ES INEVITABLE

La Segunda Guerra Mundial no solo puso a pelear entre sí a naciones enteras, sino que, como observa Peter Watson en su *Historia intelectual del siglo xx*, enfrentó a regímenes tan distintos como el fascismo, el comunismo, el liberalismo o el socialismo. Lo que despertó en muchos la pregunta acerca de cuál es la mejor forma de gobierno.

> Esta coyuntura dio pie a una de las coincidencias más insólitas del siglo cuando se publicaron durante la guerra cuatro libros escritos por exiliados de la vieja monarquía dual de Austria y Hungría, que deseaban esclarecer cuál era el tipo de sociedad a la que debía aspirar la humanidad cuando cesasen las hostilidades[60].

---

59 *Ibid.*, p. 111.
60 WATSON, P. (2002), *Historia intelectual del siglo xx*, Barcelona, Crítica, p. 404.

Uno de estos libros a los que se refiere Watson es *Diagnóstico de nuestro tiempo*, de Karl Mannheim, publicado en inglés en 1943. En esta obra, Mannheim reúne una colección de ensayos independientes que fueron escritos –salvo uno, el capítulo V– durante la contienda. Pese a la falta de estructura sistemática de la obra, el conjunto debe leerse bajo la consideración de un propósito común: el intento de contribuir a la ordenación racional de la sociedad que había de surgir tras la guerra. De los siete capítulos que integran la obra, es quizás el primero –precisamente el que da el título al libro– el que mejor resume la aportación de Mannheim al problema de la reconstrucción del nuevo orden social. Constituye, además, el núcleo de su propuesta sobre la «planificación para la libertad», desarrollada en las otras dos obras características de este período inglés[61].

El punto de partida del diagnóstico de Mannheim es el advenimiento de la sociedad planificada, que él ve como inevitable. El sociólogo húngaro considera que el avance de los totalitarismos ha dejado en evidencia la insuficiencia ideológica y la incapacidad práctica del liberalismo para contener el irracionalismo de las masas. De ahí que dé por sentado que el cese de las hostilidades iba a traer un nuevo orden basado en la planificación:

> Desde ahora sabemos todos que a partir de esta guerra ya no es posible retroceder a un orden social de *laissez faire*; que en sí esta guerra está produciendo una revolución silenciosa al preparar el camino hacia un nuevo tipo de orden planificado[62].

---

61 Así lo explica el propio Mannheim en la primera nota de *Diagnóstico de nuestro tiempo*: «Este capítulo resume y prolonga al mismo tiempo el contenido del citado libro [*Libertad y planificación social*], donde el lector puede encontrar un estudio más detenido de muchas de las cuestiones aquí presentadas. Por otra parte, el autor prepara un libro sobre los problemas esenciales de la planificación democrática, que tratará en forma más sistemática de los diversos aspectos de la planificación [se refiere a *Libertad, poder y planificación democrática*]». MANNHEIM, K., *Diagnóstico de nuestro tiempo*, p. 9.

62 MANNHEIM, K., *Diagnóstico de nuestro tiempo*, p. 57.

De hecho, lo que predice Mannheim es lo que estaba ocurriendo ya en el momento en que escribe: «Los países democráticos se han visto obligados a planificar, y no existe probabilidad de que después de esta guerra se dé un retorno al *laissez faire*»[63].

Para mí sigue siendo un misterio el hecho de que Mannheim saque una conclusión tan precipitada –el liberalismo ha muerto– a la vista de unas circunstancias históricas tan excepcionales: ¿qué gobierno no planifica en tiempos de guerra, de catástrofe natural o de pandemia? Pensemos, por ejemplo, en la excepcional respuesta de las democracias liberales contemporáneas en la pandemia de COVID-19: por mucho que entonces hubiera un consenso amplio sobre la necesidad de la intervención del Estado para lograr suministros médicos o atender emergencias de todo tipo, eso no llevó a ver como inevitable la prolongación en el tiempo de esa mayor intervención estatal.

Dicho esto, creo que se puede disculpar a Mannheim el hecho de que el suyo es un diagnóstico de urgencia motivado por la necesidad de encontrar una terapia de urgencia. Recordemos el contexto inmediato de los años en que escribe este libro, cuando el avance del fascismo parece imparable. En septiembre de 1939, los nazis invaden Polonia. En abril de 1940, Dinamarca y Noruega. En mayo, Bélgica, Holanda y Luxemburgo. En junio, París. En agosto, empiezan los bombardeos nazis sobre Inglaterra. En abril de 1941, los nazis invaden Yugoslavia y Grecia. En junio, ocupan Creta e inician la invasión de la URSS. En septiembre, se inicia el cerco alemán a Leningrado. En diciembre, Alemania e Italia declaran la guerra a Estados Unidos...

Es cierto que Mannheim llegó a vislumbrar –incluso antes de que publicara *Diagnóstico de nuestro tiempo*– la posibilidad de la derrota del fascismo. Pero, más allá del cese de las hostilidades, estaba convencido de que el problema tenía que ver con las nuevas condiciones sociales. Su intuición fundamental –ya lo

---

63 *Ibid.*, p. 99.

hemos dicho– es que tanto el orden social como la psicología de los hombres estaban sufriendo un cambio profundo.

En esa situación, la victoria aliada sobre Hitler y Mussolini no era un antídoto suficientemente tranquilizador contra brotes futuros de totalitarismo. A la sociedad planificada según las ideologías fascista y comunista, había que oponer una sociedad democráticamente planificada. Y ese proyecto de reconstrucción requería de una «orientación por el espíritu»[64], que contrarrestara la crisis de racionalidad y de valores en que estaba sumida Europa.

3. CRISIS DE RACIONALIDAD: CUANDO LAS MASAS RENUNCIAN A PENSAR

A diferencia de otros autores, para quienes la democracia no habría experimentado cambios sustanciales en su identidad durante la época moderna, Mannheim distingue dos etapas históricas: la «democracia burguesa» (de minorías o de élites) y la «democracia de masas».

En la primera, las minorías selectas gozaban de la exclusiva para crear valores culturales, pautas de conducta, gustos para juzgar, etc. Ese exclusivismo era compatible, no obstante, con el principio de libre competencia. En la segunda fase, tuvo lugar lo que Mannheim llama el proceso de «democratización fundamental» de la sociedad, mediante el cual «un número creciente de grupos sociales luchan por participar en la dirección social y política, y piden que sus propios intereses estén representados»[65].

Pero este proceso no se detiene en el ámbito social y político: invade también –y esto es lo que más preocupa a Mannheim– el cultural. Entre los diversos efectos que produce la democratización de la cultura, hay uno que le inquieta particularmente: los cambios en el reclutamiento de los intelectuales.

---

64 MANNHEIM, K., *Diagnóstico de nuestro tiempo*, p. 16.
65 MANNHEIM, K., *Libertad y planificación social*, p. 49.

Como veremos en el siguiente capítulo, el sociólogo húngaro sostiene que el acceso en masa de la población a la cultura produce un aumento en el número de minorías selectas; al principio, esto es enriquecedor pues introduce dinamismo y variedad. Pero la multiplicación de las élites trae dos inconvenientes: por un lado, anula el exclusivismo necesario para la sublimación del impulso cultural; por otro, surge la dispersión entre las minorías selectas, hasta el punto de que ninguna llega a influir en la sociedad. Las élites, dice Mannheim, se han anulado mutuamente y ya ninguna tiene capacidad directora; los antiguos portadores de la cultura se han quedado sin valores que ofrecer a la nueva sociedad de masas.

El reverso de la medalla es todavía más desolador: ante la falta de resistencia por parte de los intelectuales, la democratización de la cultura coloca en una posición preeminente a los grupos interesados en monopolizar el poder social. En efecto,

> la falta general de dirección en la sociedad moderna de masas es lo que proporciona oportunidades a los grupos que tienen ambiciones dictatoriales. Si esos grupos logran llevar a cabo alguna clase de integración política, pueden realizar su programa sin gran resistencia por parte de los demás grupos de la sociedad. No hallan ninguna verdadera resistencia, porque todas las "élites" de las cuales pueden proceder los valores, el gusto y las normas para juzgar, se han anulado mutuamente[66].

Por otra parte, la progresiva retirada de la función orientadora por parte de los intelectuales ha conducido a una desigual distribución de los hábitos racionales e irracionales en la sociedad moderna. Como consecuencia, «el desarrollo del dominio técnico moderno de la sociedad está mucho más avanzado que el desarrollo del poder moral del hombre y de su conocimiento y gobierno social»[67]. Y añade:

---

66 *Ibid.*, p. 91.
67 *Ibid.*, p. 47.

Bajo ciertas circunstancias, tanto los individuos como los grupos socio-lógicos y sociales pueden correr el peligro de la desintegración, porque sus capacidades dejen de desarrollarse de una manera igual y armónica. Sabemos muy bien, en el terreno de la psicología infantil, que un niño puede desarrollarse intelectualmente con extraordinaria rapidez, mientras que su conciencia moral y su temperamento continúan en un nivel infantil, y lo mismo puede suceder en la vida de los grupos sociales. Si esta desigualdad en el desarrollo entero es peligrosa para el individuo, en la sociedad más pronto o más temprano conducirá a una catástrofe[68].

El peligro de la desintegración social en una época de masas cobra mayor dramatismo todavía, dice Mannheim, por el juego del principio de «interdependencia creciente». En un orden social más sencillo, donde los elementos del sistema no están estrechamente enlazados entre sí, las perturbaciones en uno de los elementos no causan trastornos en el conjunto del sistema. Pero, a medida en que una sociedad gana en complejidad e interdependencia entre sus partes, «puede sobrellevar estas sacudidas irracionales y emotivas mucho menos fácilmente que otros órdenes sociales más antiguos»[69].

El diagnóstico de Mannheim recuerda en lo esencial al que lleva a cabo José Ortega y Gasset, otro autor que considera la sociedad de masas como un rasgo distintivo de la Europa de los años veinte. Como explica José Jiménez Blanco:

En la literatura que se propone un diagnóstico científico de los acontecimientos históricos que se producen en Europa alrededor de los años veinte, especialmente la irrupción de los movimientos totalitarios, el término «masas» se inserta en contraposición con el de «minorías» o «élites». Los nombres de José Ortega y Gasset y Karl Mannheim son los más representativos de esa literatura. El hecho con que ambos se enfrentan pudiera describirse así: como consecuencia de la democrati-

---

68 *Ibid.*
69 *Ibid.*, p. 54.

zación política y de la industrialización técnica, grandes sectores de la población europea han llegado a participar en el poder social-político, jurídico, económico, cultural, etc., en una medida desconocida hasta entonces. Para lo que aquí nos interesa, esos sectores de la población han llegado a participar en campos de acción hasta el momento reservados a las «minorías». A este fenómeno lo llamó Ortega «la rebelión de las masas» y Mannheim «la democratización fundamental»[70].

Otra tendencia que preocupa a Mannheim es la abdicación del pensamiento racional por parte de las masas, fenómeno que atribuye al escaso desarrollo de la «racionalidad sustancial» frente a la «racionalidad funcional». La primera es la capacidad de actuar de forma racional, gracias a «una visión inteligente de las relaciones que existen entre los hechos en una situación dada»; la segunda es la capacidad de realizar una serie de actos ordenados a la consecución de un fin, con independencia de que el sujeto lo conozca o no[71].

Para ilustrar esta distinción, Mannheim recurre al siguiente ejemplo: en un ejército, un soldado raso actúa con racionalidad funcional cuando obedece las órdenes que le han dado; se limita a realizar acciones que le han dicho que haga, para cumplir un objetivo que él puede desconocer. En cambio, el general que da las órdenes actúa con racionalidad sustancial, porque conoce perfectamente el plan y el papel que desempeña cada acto individual dentro del todo.

Pues bien, para Mannheim, uno de los problemas más graves de la sociedad de masas es que los ciudadanos corrientes se han desentendido de la racionalidad sustancial; es decir, han renunciado a una visión inteligente de las relaciones sociales; han renunciado a pensar por sí mismos y a hacerse cargo de las fuerzas que actúan en el sistema social en que viven. Así, el individuo

---

70 JIMÉNEZ BLANCO, J. (1975), «Masas», en *Diccionario de Ciencias Sociales*, vol. I, Madrid, Instituto de Estudios Políticos, pp. 155-157.
71 Véase MANNHEIM, K. *Libertad y planificación social*, p. 58.

medio abdica de la facultad de juzgar, de comprender y de responsabilizarse de sus elecciones, mientras transfiere esas capacidades a unos pocos dirigentes.

En último término, esto es lo que explicaría el fenómeno del «llamamiento al caudillo», tan denostado por Mannheim:

> La persona corriente (...) se acostumbra cada vez más a ser dirigida por otros y gradualmente va renunciando a su propia interpretación de los hechos para aceptar las que otros le dan. Cuando en tiempos de crisis se derrumba el mecanismo racionalizado de la vida social, el individuo no puede repararlo mediante su propio conocimiento. En lugar de eso su propia impotencia le reduce a un estado de desamparo y de miedo[72].

Para evitar que la sociedad acabe dominada bien por fuerzas irracionales, bien por el dirigismo totalitario, los intelectuales deben asumir otra vez su liderazgo y procurar que la sociedad entera se mueva hacia una «verdadera democratización»; es decir, hacia una mayor comprensión del funcionamiento de la sociedad por parte de todos.

En la misma línea se mueve la aspiración de Mannheim a «fundar una ciencia de la política que pudiese poner freno a las fuerzas de la irracionalidad y permitiese la creación de un orden político racional»[73]. O su concepción de la sociología del conocimiento, articulada en *Ideología y utopía*, como un medio para favorecer el «acercamiento entre la política y la razón»[74].

En sus obras de la etapa inglesa, Mannheim se muestra convencido de que la planificación para la libertad –entendida como una nueva etapa en el desarrollo del pensamiento y de la acción– contribuirá a traer la racionalidad sustancial. Pero cabe ver aquí una contradicción: Mannheim abomina del fenómeno del «llamamiento al caudillo», pero al mismo tiempo confía las esperanzas de salvación a un pequeño grupo de planificadores,

---

72 *Ibid.*, p. 64.
73 HAMILTON, P., «Prólogo», en KETTLER, D., MEJA, V. y STEHR, N., *op. cit.*, p. 10.
74 KETTLER, D., MEJA, V. y STEHR, N., *op. cit.*, p. 51.

a los que asigna la tarea de asumir la dirección racional e inteligente de las relaciones sociales en una época de masas. ¿Cómo piensa entonces que los ciudadanos corrientes desarrollen su propia «visión inteligente» de las relaciones sociales? Confiar en los planificadores «buenos», ¿no es volver a transferir a otros la capacidad de juzgar?

4. CRISIS DE VALORES: LA IRRESPONSABLE INHIBICIÓN DEL LIBERALISMO

Desde el final de la Primera Guerra Mundial, la conciencia de crisis fue una constante entre los intelectuales europeos, que vieron cómo el sueño del progreso sin límites tocaba a su fin. Y aunque los diagnósticos fueron diferentes, lo interesante es constatar cómo muchos de ellos coincidieron en detectar un malestar profundo con la cultura de su época. De él hablaron, directa o indirectamente, poetas como Paul Valéry y T. S. Eliot; novelistas como Franz Kafka, André Malraux, Thomas Mann, Marcel Proust y Aldous Huxley; filósofos como Max Scheler, Edmund Husserl, Martin Heidegger, Karl Jaspers, José Ortega y Gasset, María Zambrano, Jacques Maritain, Theodor Adorno y Walter Benjamin; historiadores como Arnold Toynbee y Oscar Spengler; sociólogos como el propio Mannheim, Max Horkheimer, Herbert Marcuse; el psicólogo social Erich Fromm...[75]

Si durante su etapa alemana y sus primeros años ingleses, Mannheim describe la crisis de su tiempo como una crisis de racionalidad, la experiencia de la Segunda Guerra Mundial y el contacto con el grupo de pensadores cristianos que integran el *Moot* le hacen percibir poco a poco que la crisis tiene también una vertiente espiritual. Y cuando escribe *Diagnóstico de nuestro*

---

75 Véase REDONDO, G. (1984), *Las libertades y las democracias*, Pamplona, EUNSA; y FAZIO, M. (2006), *Historia de las ideas contemporáneas*, Madrid, Rialp.

tiempo ya está convencido de que la crisis a la que se enfrentan las sociedades occidentales es una «crisis de valores» antes que de «racionalidad»[76].

Una de sus manifestaciones más serias es la falta de orientación general. Parece que Europa ha perdido la facultad de juzgar y de discernir el bien y el mal. De ahí que Mannheim hable también de una «crisis en la estimativa». En efecto, hay desacuerdo en las filosofías de la vida, en los criterios sobre la libertad y la disciplina, en la naturaleza del castigo a los criminales, en materias educativas, en el valor del trabajo y del ocio, en las conductas sexuales, en los conceptos e ideales sobre la feminidad y la masculinidad, etc.[77].

¿A qué se debe este desconcierto? Para Mannheim, la explicación marxista de la crisis acierta al subrayar que el sistema de valores depende, en buena medida, de «ciertas condiciones sociales, entre las cuales son de una importancia fundamental la naturaleza del orden económico y la de la correspondiente estructura de las clases». Pero los marxistas se equivocan –añade– al centrarse exclusivamente en los factores económicos y de clase, pues «existen muchas otras condiciones sociales que influyen en los procesos de creación y propagación de los valores»[78]. Y menciona, entre otros, la pérdida de protagonismo de los grupos primarios; la aparición de nuevas formas de autoridad y de sanción; la ruptura del equilibrio entre las fuerzas conscientes e inconscientes que operan en la sociedad, etc.

En el diagnóstico de Mannheim sobre la crisis de valores tiene una importancia decisiva la crítica que dirige al liberalismo de corte relativista e individualista –no todo liberalismo lo es–. Detengámonos en algunos de sus duros reproches.

En una época de desmoronamiento social, dictaduras y guerra se precisa, más que nunca, tomar las riendas y redirigir el

---

76 Véase KETTLER, D., MEJA, V. y STEHR, N. *op. cit.*, p. 250.
77 Véase MANNHEIM, K., *Diagnóstico de nuestro tiempo*, pp. 23-26.
78 *Ibid.*, p. 28.

proceso social. Pero el liberalismo no parece dispuesto a emprender esta tarea. Más bien, se ha decantado por confundir la neutralidad con la tolerancia[79], allanando así el camino a los totalitarismos. Esta resistencia a tomar partido ha llegado tan lejos en nuestra democracia moderna que,

> por pura liberalidad y cortesía, acabamos por dejar de creer en nuestros fines; dejamos de creer en que el ajuste pacífico es cosa deseable, que la libertad debe salvarse y que el control democrático debe ser mantenido[80].

La inhibición se advierte también en el sistema educativo vigente en las sociedades del *laissez faire*, que ha sido incapaz de formar para una apreciación consciente de los valores. En cambio, ha propiciado que la mayor parte de los individuos se acostumbren a adherirse por inercia a los valores democráticos. En estas circunstancias, difícilmente pueden dar razones de sus principios y sus elecciones.

Unido a lo anterior está el desinterés del liberalismo por inculcar criterios de orientación ante las cuestiones fundamentales de la vida, lo que se traduce en la ausencia de un trasfondo de valores comunes que dé consistencia al sistema social.

> Si hay alguna verdad en la afirmación aristotélica de que la estabilidad política depende de la adaptación de la educación a la forma del gobierno, y si estamos, al menos, de acuerdo con la opinión de los que creen que una sociedad solo puede funcionar cuando existe una cierta armonía entre sus valores vigentes, sus instituciones y su educación, hay que concluir entonces que nuestro sistema del *laissez faire* está condenado a la desintegración tarde o temprano[81].

Los nazis eran conscientes de esta tendencia relativista y supieron sacar tajada de ella mediante técnicas manipuladoras. El propio Hitler, explica Mannheim, inventó un nuevo método para

---

79 *Ibid.*, p. 16.
80 *Ibid.*, p. 17.
81 *Ibid.*, p. 40.

influir en la psicología de las personas. Se trata de una estrategia desarrollada en dos fases: la primera consiste en el rápido debilitamiento de los grupos que confieren identidad y apoyo a los individuos (familia, iglesias, asociaciones...); la segunda va dirigida a sustituir la influencia que antes ejercían esas comunidades por la de otros grupos afines al régimen (por ejemplo, las juventudes hitlerianas), que terminen por darles una nueva identidad. La clave de esta estrategia está en «no tratar nunca al individuo como persona, sino como miembro de un grupo social»[82].

Hitler sabe que mientras la gente se encuentra a resguardo de sus propios grupos es inmune a su influencia. Por eso, la primera fase de la estrategia nazi pretende romper la resistencia del individuo mediante la desorganización de los grupos a los que pertenece. Esta desorganización tiene que ser rápida y violenta, pues la situación de aislamiento socava la capacidad de ofrecer resistencia; es como un cangrejo sin caparazón, dice Mannheim. Así, los efectos de la desmoralización se sienten de inmediato sobre los individuos:

> Dado que los vínculos de su grupo son para el individuo medios de apoyo y sostén, que le proporcionan seguridad y reconocimiento, por no hablar de los lazos de amistad y confianza, la ruptura de esos vínculos lo convierte en un ser impotente. Procede entonces como el niño que ha perdido su camino o la persona a quien quería, y, en consecuencia, se siente inseguro y fácil presa de la primera atracción[83].

Tras haber reducido con éxito a la sociedad al estado de pánico y desesperación, el siguiente paso de la estrategia nazi consiste en rehacer las mentalidades de las masas con ayuda, sobre todo, de la educación y la opinión pública. Aquí lo decisivo es buscar una legitimación del nuevo estado de cosas y perpetuar una actitud psicológica favorable al régimen.

---

82 *Ibid.*, p. 132.
83 *Ibid.*, p. 134.

Para hacer frente a la influencia nazi, Mannheim aboga por desarrollar una contraestrategia. Gunter W. Remmling la resume en tres principios[84]. En primer lugar, las sociedades democráticas deben abandonar su escasa falta de interés por los valores y buscar de forma activa un consenso ético. Volveremos a este punto en el capítulo 5.

En segundo término, han de fomentar la concordia entre los grupos sociales y reducir los obstáculos que impiden tomar conciencia de lo que une a todos los ciudadanos. Concretamente, Mannheim subraya que «la lucha por la obtención de valores comunes marcha mano a mano (...) con la lucha por la justicia social»[85], que no es sinónimo de igualitarismo. Por el contrario, tal y como él lo entiende, este ideal contempla las diferencias basadas en el mérito y el esfuerzo, pero solo hasta un punto en que no impidan «la cooperación entre las diferentes clases»[86].

En tercer lugar, las sociedades democráticas deben vigilar, a través de los debidos controles, para que la búsqueda de un consenso ético y la socialización en unos valores básicos comunes no degenere en imposiciones antidemocráticas.

A estos tres criterios que identifica Remmling, cabe añadir otro: según Mannheim, las democracias liberales deben hacer todo lo posible por aprovechar mejor «la potencialidad que ofrecen los poderes creadores de la existencia de los grupos»[87]. Para eso, es preciso dejar de pensar que el individuo es lo único que cuenta en la vida social; frente al liberalismo, Mannheim cree que determinados derechos y libertades de los individuos están mejor protegidos allí donde existe un tejido social fuerte y sólidos vínculos comunitarios.

Como se ve, el diagnóstico de Mannheim es muy crítico con el liberalismo. Algunos de sus reproches son muy atinados, como los que exponen las implicaciones de su deriva relativista e indi-

---

84 Véase REMMLING, G. W., *op. cit.*, pp. 198-199.
85 MANNHEIM, K., *Diagnóstico de nuestro tiempo*, p. 44.
86 *Ibid.*, pp. 15-16.
87 *Ibid.*, p. 137.

vidualista. Pero al sociólogo húngaro se le puede objetar lo mismo que a los posliberales contemporáneos: no todo desorden que ocurre dentro de una democracia liberal es imputable al liberalismo[88]. Por otra parte, hay que evitar pedir a una filosofía política lo que no puede dar: salvar al ser humano de toda atrocidad y de toda violencia. Sobre todo, cuando las alternativas que conocemos han puntuado muy por debajo en la defensa de la dignidad humana. Volveré a este punto en el capítulo 4.

5. LOS CAMBIOS EN LAS TÉCNICAS PARA INFLUIR EN LAS CONDUCTAS

Ya hemos visto que, para Mannheim, la transición del *laissez faire* a la sociedad planificada y el paso de la democracia de unos pocos a la sociedad de masas han provocado profundas transformaciones en el orden social. Otro factor que, a su juicio, ha conducido al derrumbamiento de las democracias liberales y al auge de los totalitarismos en la sociedad moderna son «los cambios en la técnica social».

Por técnicas sociales entiende Mannheim el conjunto de métodos y prácticas dirigido a «moldear la conducta humana y las relaciones sociales»[89]. Frente al uso tradicional de ese término, que se aplicaba solo a los «inventos mecánicos» (televisión, teléfono, ferrocarril, automóvil, pala, arado, tanques, cañones...), Mannheim extiende el concepto a cualquier medio de formación del carácter. En esa definición entraría desde la disciplina militar hasta la propaganda de masas, pasando por la educación y la organización del trabajo.

---

88 Amplío este argumento en mis artículos «Una nueva cultura para las democracias liberales», *Aceprensa*, 19 enero 2018; «La difícil práctica del liberalismo», *Aceprensa*, 25 septiembre 2019 y «Por qué los conservadores no deberían celebrar la crisis del liberalismo», *Aceprensa*, 21 abril 2022.
89 MANNHEIM, K., *Libertad y planificación social*, p. 250. Ver también MANNHEIM, K, *Diagnóstico de nuestro tiempo*, p. 10.

Pocas cosas pueden causar más alergia al liberalismo que la idea de influir en las conductas y las actitudes desde las posiciones dominantes de la sociedad. Pero esta repulsa, dice Mannheim, es una anomalía histórica: las sociedades tradicionales no vieron problema alguno en recurrir a la influencia directa en los comportamientos para asegurar una conformidad básica. «La costumbre, los hábitos, la educación, primero en el hogar y más tarde en la iglesia y la escuela, las convenciones de la vida colectiva, todo esto actuaba sobre el individuo, en el esfuerzo por crear un tipo de ser humano con arreglo a los ideales de la sociedad»[90].

En las sociedades tradicionales, mucho más homogéneas que las actuales, esa influencia se llevaba a cabo sin demasiado esfuerzo: gracias al consenso moral de fondo que existía en ellas, las sociedades antiguas lograron sobrevivir con técnicas sociales muy rudimentarias.

Pero la sociedad moderna de masas ha cambiado las reglas del juego. De entrada, se trata de sociedades menos uniformes y cuentan con más movilidad social, por lo que es más frecuente que personas de unos grupos y clases se mezclen con otras y les pasen sus valores. Además, en una época de masas, los grupos primarios han perdido capacidad de influencia: ya no es posible apoyarse únicamente en la familia, la escuela y las iglesias para formar el carácter. Y ante todos estos cambios, lamenta Mannheim, las democracias modernas no han sabido adaptar sus técnicas sociales a los nuevos tiempos.

Una excepción es Estados Unidos, que recurrió «por métodos democráticos» a la propaganda de masas para favorecer actitudes y fomentar la «americanización» de los recién llegados en las diferentes olas migratorias.

Por desgracia, también los estados totalitarios de Alemania, Italia y Rusia supieron ver que «la sociedad de masas no puede go-

---

90 MANNHEIM, K., *Libertad y planificación social*, p. 255.

bernarse por medio de técnicas caseras». Y recurrieron a ellas para imponer «ideologías, credos, creencias y formas de conducta, que no corresponden a la naturaleza verdadera del ciudadano»[91].

Hay que aclarar que Mannheim se opone a toda forma de intervención antidemocrática para fomentar los cambios de comportamiento. Pero sí es partidario de potenciar, junto a la influencia directa o personal que legítimamente ejercen los grupos primarios (unos padres sobre sus hijos, por ejemplo), la influencia indirecta en el entorno a través de las costumbres, las instituciones tradicionales y ciertos mecanismos sociales, como la división del trabajo[92]. Este propósito de influir en las conductas, que tanto escandaliza a la mentalidad liberal, es lo que, en buena medida, hace cualquier sociedad democrática a través de las más diversas políticas públicas.

De ahí que Mannheim dé por hecho que las técnicas sociales no son «ni buenas ni malas; todo depende del uso que de ellas hagan la voluntad y la inteligencia humanas»[93]. Son buenas si respetan la libertad y contribuyen a preservar el orden social democrático; y son malas si se emplean como instrumentos de dominación. Así, por ejemplo, en el revuelto contexto internacional de su época, Mannheim da por bueno el «poder de la persuasión planificada» si se emplea «no para incitar a la lucha [entre naciones], sino para fomentar la conducta de que dependen todas nuestras esperanzas de paz, de cooperación y de comprensión»[94].

Ahora bien, advierte, las técnicas sociales pueden convertirse en herramientas de dominación sin necesidad de que se usen con mala voluntad: basta con no actuar (*laissez faire*), para que ellas mismas desplieguen sus efectos nocivos. Por eso, insiste tanto a las democracias liberales en que tomen la iniciativa en esta cuestión. No es opcional –piensa–, como tampoco lo es la

91 MANNHEIM, K., *Diagnóstico de nuestro tiempo*, p. 13.
92 Véase MANNHEIM, K., *Libertad y planificación social*, pp. 277-316.
93 MANNHEIM, K., *Diagnóstico de nuestro tiempo*, p. 13.
94 MANNHEIM, K., *Libertad y planificación social*, p. 263.

planificación: o se «influye» en las conductas a través de métodos y reglas democráticas, o se acaba intervenido por la «imposición» totalitaria; o se planifica para la libertad, o se planifica para la dictadura. «No cabe ya elegir entre planificación y *laissez faire*, sino solo entre buena y mala planificación. El autor –dice Mannheim de sí mismo en la introducción de *Libertad y planificación social*– preferiría vivir en una época en la que el orden social y las técnicas de gobierno no permitiesen a un grupo de gentes imponer a otro grupo su concepción de la "vida buena". Pero nosotros no podemos elegir el orden social y las técnicas con que gobierna. Existen ya, y lo más que podemos hacer es combinarlos y moldearlos de la manera más ventajosa»[95].

Con este planteamiento, Mannheim quiere situarse en una tercera vía entre la reglamentación absoluta, que aplasta la libertad de los individuos y de los grupos, y la no interferencia sin propósito del *laissez faire*, que con su indiferencia axiológica expone a la sociedad al auge de los totalitarismos. Lo veremos en el capítulo 6.

---

95 *Ibid.*, p. 13.

TIEMPO DE RECONSTRUCCIÓN

Después de cada guerra
alguien tiene que limpiar.
No se van a ordenar solas las cosas,
digo yo.

Wisława Szymborska

1. ¿PARA QUÉ SIRVE UN INTELECTUAL?

Numerosos estudiosos de Karl Mannheim coinciden en destacar que una de sus principales preocupaciones, a lo largo de su trayectoria intelectual, fue cómo articular la convivencia democrática en un espacio público en el que se enfrentan diferentes concepciones del mundo.

En Alemania, trata de dar respuesta a esta cuestión a través de la sociología del conocimiento. La misma preocupación reaparece en Inglaterra, si bien las soluciones que ofrece entonces son distintas: el sociólogo húngaro, dice Emilio Lamo de Espinosa, «pasó de buscar el consenso social a través del conocimiento a buscarlo en la educación y la religión»[96].

Un punto en común en las dos etapas es el interés de Mannheim por el papel de los intelectuales en la construcción de ese consenso. Tanto en Alemania como en Inglaterra les atri-

---

96   LAMO DE ESPINOSA, E., *op. cit.*, p. 9.

buye una función mediadora entre las visiones del mundo, aunque con acentos distintos en cada período.

Según explica José M. González García, la primera vez que aborda este asunto es «en su ensayo sobre el pensamiento conservador, donde, además, reconoce explícitamente que toma de Alfred Weber la expresión *sozial freischwebenden Intellektuellen*», que significa «los intelectuales que flotan libremente»[97].

En *Ideología y utopía*, Mannheim vuelve sobre esta idea y defiende que los intelectuales son un estrato «en gran parte desligado de cualquier clase social y que se recluta en un área cada vez más extensa de la vida social»[98]. Gracias a su posición equidistante, los intelectuales tienen más facilidad para comprender los puntos de vista ajenos. Fruto de esa comprensión más amplia, pueden realizar una síntesis de las perspectivas en conflicto, ofrecer un conocimiento de la realidad más objetivo y, de esta forma, aportar racionalidad a la discusión de los problemas sociales. Con la síntesis, además, será posible hablar de una «ciencia de la política», que resultará muy útil para mostrar cómo la propia «posición dentro de una situación históricosocial» condiciona los propios puntos de vista políticos[99].

Mannheim no niega que existan verdades objetivas, pero insiste en la dificultad para acceder a ellas. Si pone el énfasis en el carácter limitado del conocimiento no es para abrazar el relativismo, sino para que cada cual sea consciente de sus propios prejuicios y sus limitaciones al conocer la realidad. Esta toma de conciencia debería servirnos para comprender mejor a los otros, incluidos a los adversarios políticos.

---

97 GONZÁLEZ GARCÍA, J. M. (1993), «Reflexiones sobre "El pensamiento conservador" de Karl Mannheim», *Revista Española de Investigaciones Sociológicas*, núm. 62, abril-junio, p. 66. En este artículo, González García ofrece una síntesis muy ilustrativa sobre la evolución de la postura de Mannheim sobre los intelectuales a lo largo de su obra.

98 MANNHEIM, K. *Ideología y utopía*, p. 138.

99 *Ibid.*, p. 144.

Como aclara Ignacio Sánchez de la Yncera, la postura de Mannheim en este tema –que plantea en términos políticos antes que filosóficos– «no consiste en una débil renuncia relativista, desfondada de voluntad de verdad, sino en una postura altamente consciente que denomina "relacionismo", y que ya había empleado antes de la publicación de *Ideologie und Utopie*»[100]. Sin embargo, para otros autores –incluido Norbert Elias, discípulo de Mannheim hasta que se distancian intelectualmente–, el sociólogo húngaro no logra escapar del relativismo[101].

A principios de los años 30, poco antes de que abandonara Alemania, Mannheim vuelve a abordar la cuestión de los intelectuales en uno de los textos recogidos en su libro *Ensayos de sociología de la cultura*, publicado póstumamente. Aquí rebaja su visión acerca de la supuesta independencia de los intelectuales y explica que no son una capa social que flota por encima de las discrepancias entre las clases,

> sino que también están condicionados por su ubicación en el proceso social y su adhesión a una u otra de las clases en conflicto. Pero, por encima de esta adhesión, «algunos» intelectuales están mejor preparados para poner a prueba sus propias valoraciones y construir una perspectiva más abarcante[102].

En apoyo de esta tesis, González García destaca uno de los pasajes más significativos del ensayo de Mannheim:

> El miembro individual de la *Intelligentsia* puede tener, y con frecuencia tiene, una orientación particular de clase y, en conflictos reales, puede alinearse con uno u otro partido político. (...) Pero, además de por esas afiliaciones, es impulsado por el hecho de que su educación le ha preparado para enfrentarse con los problemas cotidianos desde varias perspectivas y no solo desde una, como hace la mayoría de los que par-

100 SÁNCHEZ DE LA YNCERA, I., *op. cit.*, p. 35.
101 Véase GONZÁLEZ GARCÍA, J. M., *op. cit.*, p. 69.
102 *Ibid.*, p. 67.

ticipa en las controversias de su tiempo. Decimos que está preparado para enfrentarse con los problemas de su tiempo desde más perspectivas que una, aunque en casos aislados puede actuar como un partidista y alinearse con una clase[103].

Para Mannheim, el intelectual contemporáneo se diferencia del pensador escolástico en que no persigue una concepción unitaria del mundo. Su labor consiste más bien en suavizar la polarización de los distintos puntos de vista, que reflejan las tensiones de una sociedad plural. Según él, esta perspectiva fragmentaria del intelectual,

> no es la culminación de un creciente escepticismo, ni una fe declinante, ni la falta de capacidad para crear una *Weltanschauung* integral, como mantienen quejumbrosamente algunos escritores. Muy al contrario, la secularización y la multipolaridad de las concepciones son la consecuencia del hecho de que el grupo de los hombres instruidos ha perdido su organización de casta y su prerrogativa para formular soluciones autoritarias a los problemas de su tiempo[104].

La empatía es otro rasgo del intelectual contemporáneo. Esta facultad permite a un individuo trascender los propios puntos de vista y tratar de comprender los ajenos. Así, dinamiza la conversación pública y genera un fructífero proceso inquisitivo, en el que el dogmatismo va dando paso a «la tendencia a preguntar y a buscar, en lugar de afirmar»[105].

Mannheim vuelve a ocuparse de los intelectuales durante su etapa inglesa. En este nuevo escenario, con Hitler ya en el poder, lo que preocupa al sociólogo húngaro es comprender cómo los nuevos procesos de formación de élites característicos de la sociedad de masas perjudican a la democracia. Al describirlos en

---

103 MANNHEIM, K. (1963), «El problema de la *Intelligentsia*», *Ensayos sobre sociología de la cultura*, Madrid, Aguilar, 2ª ed., p. 155.
104 MANNHEIM, K. (1957), *Ensayos de sociología de la cultura*, Madrid, Aguilar, pp. 171-172. Adviértase que uso una edición distinta a la que cita González García.
105 *Ibid.*, p. 176.

Libertad y planificación social, sus planteamientos suenan elitistas. Pero hay que recordar que aquí habla el Mannheim sociólogo, interesado por explicar las dinámicas sociales. El primero de los cuatro procesos que analiza se refiere al aumento del número de minorías selectas. Al principio, este aumento condujo a una variedad fecunda comparada con la rigidez y el exclusivismo anterior. Sin embargo, pronto apareció la dispersión.

Cuantas más élites hay en una sociedad, más tiende cada una de ellas a no ejercer su función e influencia directoras, porque se anulan mutuamente. En una sociedad democrática de masas, especialmente en una con gran movilidad social, ningún grupo puede llegar a influir profundamente en toda la sociedad[106].

El segundo proceso hace referencia a la pérdida del exclusivismo de las minorías selectas. Según Mannheim, el carácter abierto de la sociedad democrática de masas y la participación general del público no solo produce demasiadas élites, sino que además les quita el exclusivismo que necesitan para sublimar el impulso creativo. La consecuencia más grave de este proceso es que la sociedad se queda sin principios orientadores y valores que oponer a los enemigos de la democracia.

El tercer proceso alude al cambio de método vigente en la sociedad para seleccionar a las minorías selectas. En la sociedad aristocrática, el método imperante era el de la sangre; después, la sociedad burguesa añadió el de la propiedad; por último, la democracia moderna, introdujo el de las obras y lo combinó con los dos anteriores. El problema, dice Mannheim, es que la sociedad moderna de masas ha renunciado al principio de selección por las obras en la lucha de ciertos grupos por el poder; ahora, las masas obtienen el privilegio del poder social sin necesidad de producir obras. Lo que describe el sociólogo húngaro recuerda al estado actual de la opinión pública, donde los medios de co-

---

106 MANNHEIM, K., *Libertad y planificación social*, p. 90.

municación tradicionales han perdido capacidad de decidir los temas de conversación frente a las redes sociales.

El cuarto proceso tiene que ver con el cambio en la composición de las élites. Mientras que en el pasado el mecanismo normal de selección tendía a poner en la cumbre a los portadores de los valores culturales, ahora la selección negativa ha colocado

en una posición preeminente a quienes no eran aptos para vivir de acuerdo con las normas de la cultura moderna y eran incapaces de moderar sus impulsos y de gobernarse a sí mismos. Como resultado de su triunfo, sus valores han llegado a ser los dominantes.

Mientras tanto, los antiguos portadores de cultura han comenzado «a avergonzarse de sus valores culturales y morales lentamente adquiridos y llegan a considerarlos como una expresión de debilidad»[107]. No está claro a quién se refiere Mannheim, pero cabe suponer que en el centro de sus reflexiones están las élites culturales y políticas de la República de Weimar.

En esta obra, a la vista de la situación que vive Europa, Mannheim confía una nueva tarea a los intelectuales:

Desde nuestro punto de vista –dice– la misión de las élites intelectuales es inspirar la vida de la cultura y darle forma, crear una cultura viva en las diferentes esferas de la vida social.

A diferencia de las élites políticas y empresariales,

es misión de las élites intelectuales, estéticas y moral-religiosas, sublimar las energías psíquicas que la sociedad, en la lucha diaria por la existencia, no agota completamente. De esta forma, estimulan a la vez que el conocimiento objetivo, también las tendencias a la introspección, la contemplación y la reflexión, las cuales, aunque ninguna sociedad podría vivir sin ellas, no pueden, sin embargo, actuar plenamente en nuestro estado presente de desarrollo si no son dirigidas y regidas de una manera más o menos consciente[108].

---

107 *Ibid.*, p. 99.
108 *Ibid.*, p. 86.

Como casi siempre que Mannheim alude de pasada a la planificación, la frase con la que cierra el párrafo que acabo de citar resulta desconcertante. Sin embargo, puesta en su contexto, se entiende de qué está hablando. Tres son, para Mannheim, las prioridades que deben inspirar el empeño de los intelectuales por impulsar una nueva cultura. En primer lugar, han de responder a la pregunta acerca de «qué medios son adecuados para asegurar los valores esenciales de la libertad y la justicia bajo las nuevas condiciones técnicas y sociales del mundo actual»[109]. En segundo término, deben buscar un acuerdo entre los principales grupos dirigentes de la sociedad (políticos, educativos, religiosos, etc.), orientado a mitigar la crisis de racionalidad y de valores. Por último, la nueva cultura ha de restablecer el equilibrio entre el individuo y la sociedad, gravemente perturbado por el *laissez faire*.

2. EDUCAR PARA LA DEMOCRACIA

El consenso social que busca Mannheim en torno a un núcleo de valores compartidos no se consigue con imposiciones por parte del Estado, sino que debe apoyarse tanto en la socialización que tiene lugar en la familia como en la que se lleva a cabo en la escuela.

En las circunstancias históricas que atraviesa Europa, piensa Mannheim, la educación cívica debe ir orientada a forjar una personalidad democrática; a preparar un nuevo tipo de hombre[110], expresión que hoy chirría, pero que debe entenderse como reacción al totalitarismo. La escuela moderna debe atreverse a proporcionar una interpretación democrática de la vida; si no lo hace, los sistemas totalitarios impondrán su propia visión del mundo.

Se trata, por tanto, de una formación cuya finalidad es incidir en las mentalidades y el carácter, lo que a su vez influirá en la conformación de un tipo concreto de sociedad. Como veremos

---

109 *Ibid.*, p. 111.
110 Véase MANNHEIM, K., *Libertad, poder y planificación democrática*, p. 298.

enseguida, Mannheim no pretende adoctrinar en cuestiones sensibles o controvertidas –como sí hacen las democracias liberales contemporáneas–, sino inculcar un fondo común de valores democráticos y una actitud pronta a defenderlos.

Además, tal y como Mannheim la concibe, la educación cívica permite liberar y encauzar al servicio de la reconstrucción social la energía latente de los jóvenes. El factor especial que hace de ellos una fuente de vitalidad es el hecho de que no aceptan el orden social establecido como algo dado por supuesto. Los adolescentes llegan desde fuera a los conflictos de la sociedad, lo cual les convierte en actores dispuestos a la renovación:

> El adolescente no solo se encuentra en lo biológico en un estado de efervescencia, sino que sociológicamente entra en un mundo nuevo, donde los hábitos, costumbres y sistemas de valor son diferentes de los conocidos por él hasta ese momento. (...) Pues bien, esta penetración en la sociedad hecha desde fuera es lo que hace a la juventud especialmente apta para simpatizar con movimientos sociales dinámicos que, por razones la mayor parte diferentes de las suyas, están insatisfechos con la situación actual de las cosas[111].

Como sintetiza Gunter W. Remmling[112], Mannheim consideraba que el sistema educativo británico había bloqueado hasta entonces las potencialidades de la juventud por dos razones. En primer lugar, el énfasis excesivo en la especialización académica frustró la capacidad de los jóvenes de llegar a una comprensión más abarcante de la sociedad. La hiperespecialización condujo también a entender la escuela y el mundo como dos espacios opuestos más que complementarios.

En segundo lugar, la pretendida neutralidad defendida por algunos profesores dio lugar a una irresponsable inhibición frente a los valores básicos que se consideran comunes a todos. En

---

111 MANNHEIM, K., *Diagnóstico de nuestro tiempo*, p. 54.
112 Véase REMMLING, G. W., *op. cit.*, p. 208.

efecto, dice Mannheim, la educación liberal confundió «la tolerancia con la neutralidad respecto de lo justo y lo injusto»[113]; esta es la razón de que se haya rehuido toda discusión, incluso en defensa de lo que se cree verdadero.

A esas dos carencias que señala Remmling, cabe añadir una tercera: la «ceguera para lo social»[114]. Según Mannheim, la educación de la era liberal se olvidó de la sociedad, y se limitó a defender que el fin de la enseñanza era fomentar la personalidad independiente y la autonomía del individuo.

Para corregir cada uno de esos tres defectos, el sociólogo húngaro propone sendos remedios. Frente a la concepción hiperespecializada, advierte que

una educación que trata de evitar que se piense sobre una materia en todas sus ramificaciones y que se tome luego una posición definida, está destinada a crear un tipo humano incapaz de ofrecer la menor resistencia cuando la vida lo circunde con un arsenal de doctrinas y de propagandas[115].

Por eso, pide fomentar la «disposición activa a ver la totalidad de la situación en que uno se encuentra y a no orientar tan solo nuestras acciones de acuerdo con propósitos y tareas inmediatas, sino sobre la base de una visión más amplia»[116]. Con este planteamiento, se adelanta al entusiasmo de la sociedad actual con la enseñanza del pensamiento crítico.

Frente a una interpretación equivocada de la neutralidad de la escuela, Mannheim recuerda que lo que ha hecho posible el triunfo del totalitarismo en Europa ha sido la falta de convicciones y el miedo a tomar partido a favor de ciertos valores básicos. De ahí que defienda un cambio de actitud:

---

113 MANNHEIM, K., *Diagnóstico de nuestro tiempo*, p. 72.
114 *Ibid.*, p. 106.
115 *Ibid.*, p. 87.
116 *Ibid.*

Ni la tolerancia democrática ni la objetividad científica exigen que dejemos de defender las posiciones tenidas por verdaderas, ni que se evite toda discusión sobre la objetividad y valores finales de la vida[117].

Esta actitud no significa «que la libre discusión vaya a ser sustituida por la intolerancia totalitaria o que, al eliminar los efectos neutralizadores de la especialización excesiva, se vaya a prescindir de la especialización o que tengamos que convertir en propaganda nuestra enseñanza»[118]. Significa que a los estudiantes no se les debe enseñar únicamente conocimientos y destrezas, sino también el modo de abordar cuestiones vitales que lleven a una «apasionada discusión en la busca de la verdad»[119].

Y frente al individualismo dominante en la época del *laissez faire*, Mannheim propone una educación «que tienda a crear el ciudadano responsable y en la cual la conciencia del todo sea, por lo menos, tan importante como la conciencia de los propios intereses»[120]. Como técnica educativa concreta, recomienda el método del análisis de grupo, a través del cual los alumnos discuten sus problemas, aprenden a reconocer sus síntomas en otros y a ponerlos en relación consigo mismos[121].

Como se ve, para Mannheim, la educación es un medio privilegiado para moldear el pensamiento y las actitudes, algo que reconoce sin ambages:

> Criticamos justamente y somos hostiles a lo que Hitler consiguió –escribe en su obra póstuma *Introducción a la sociología de la educación*–, porque sus propósitos eran malos; pero tenemos, al menos, su ejemplo para mostrar que muchas son las cosas que pueden hacerse para influir sobre las personas, por medio de la práctica y la organización de la educación[122].

---

117 *Ibid.*, p. 95.
118 *Ibid.*, p. 96.
119 *Ibid.*, p. 95.
120 *Ibid.*, p. 140.
121 Véase *ibid.*, p. 123.
122 MANNHEIM, K. (1966), *Introducción a la sociología de la educación*, traducción de J. M. López-Cepero, Madrid, Editorial Revista de Derecho Privado, p. 27.

Hay algo inquietante en la visión de Mannheim. Por un lado, es verdad que toda educación debe aspirar a inculcar valores cívicos y éticos, no solo conocimientos y destrezas. En ese sentido, resulta natural que una «la regeneración del individuo a la regeneración de la sociedad»[123]. ¿No es eso lo que persigue toda educación cívica? Sin embargo, por otro, surge la duda de si está instrumentalizando la educación al presentarla fundamentalmente como una herramienta –«técnica social», dice él– para influir en la sociedad.

En cualquier caso, resulta tranquilizador el empeño de Mannheim por aclarar que la educación cívica ha de dejar «a la elección y decisión individuales los valores más complejos susceptibles de diversidad»[124]. Puede parecer una obviedad, pero la experiencia de algunas democracias contemporáneas muestra que no lo es. Y si preocupa Mannheim, más deberían preocupar los gobiernos que se empeñan en adoctrinar en las escuelas sobre cuestiones en las que los adultos no nos hemos puesto de acuerdo, como las relativas a la familia y la sexualidad.

3. FUNCIÓN INTEGRADORA DE LA RELIGIÓN

Mannheim fue un judío agnóstico, pero mostró siempre un gran respeto hacia la religión. Prueba de ello es su amistosa colaboración con el *Moot*, el mencionado foro de intelectuales cristianos al que fue invitado en su calidad de sociólogo. Por eso, siempre que habla de asuntos religiosos, asume que se encuentra ante una experiencia sobre la cual la sociología debe pronunciarse con cautela:

> La única cuestión que incumbe al sociólogo es la relación entre religión y sociedad, y la función que aquella cumple en esta, como uno de los diversos fenómenos espirituales en el proceso social. Cualquiera que sea

---

123 MANNHEIM, K., *Diagnóstico de nuestro tiempo*, p. 131.
124 *Ibid.*, p. 72.

el resultado que pueda ofrecer esta perspectiva, no prejuzga para nada los valores intrínsecos del cristianismo y de la moral cristiana[125].

En cuanto sociólogo, Mannheim alaba el poder regulador de la religión, en la que ve «una fuerza que contribuye a regenerar al hombre y a la sociedad»[126]. De ahí que la incorpore a su plan de reconstrucción social, al que parece supeditar todo:

Solo una generación educada por la religión o, al menos, en el plano religioso para la distinción entre la ventaja inmediata y las cuestiones permanentes de la vida, podrá ser capaz de aceptar el sacrificio que todo orden democrático debidamente planificado exigirá de continuo de todo individuo y grupo particular en interés de la totalidad[127].

Con este planteamiento, Mannheim da un paso definitivo en su trayectoria intelectual. Si en su etapa alemana había puesto «una excesiva confianza en el poder de la sociología»[128] para mitigar la fuerte polarización ideológica, al final de su vida asigna a la religión la tarea de «la integración espiritual de los miembros de la sociedad»[129].

¿De qué está hablando Mannheim? Al sociólogo húngaro no le interesa el Estado confesional. Él mismo deja claro que «cuando habla de religión, el sociólogo no se refiere a este o a aquel credo o denominación, sino a una institución básica», que es fuente de sentido y de cohesión social.

Ahora bien, en ocasiones parece que lo que añora es el consenso moral cristiano que ha dado forma a la democracia en Europa:

125 Nota introductoria al capítulo VII de *Diagnóstico de nuestro tiempo, op. cit.*, p. 231. En su forma original, este capítulo era una conferencia que Mannheim pronunció en el seno del *Moot*. El título del capítulo es: «Hacia una nueva filosofía social. Una incitación a los pensadores cristianos por parte de un sociólogo».
126 MANNHEIM, K., *Libertad, poder y planificación democrática*, p. 341.
127 MANNHEIM, K., *Diagnóstico de nuestro tiempo*, p. 141.
128 Véase MORALES NAVARRO, J., *op. cit.*, p. 277.
129 MANNHEIM, K., *Diagnóstico de nuestro tiempo*, p. 141.

Más que otra cosa, ha sido el desafío del sistema nazi el que nos ha hecho consciente del hecho de que las democracias tienen en común una serie de valores básicos heredados de la Antigüedad y más aún del cristianismo, y que no es difícil ni señalarlos ni ponerse de acuerdo sobre ellos[130].

El argumento es similar al que emplea Alexis de Tocqueville en *La democracia en América*, donde muestra la influencia indirecta que ejercen las creencias religiosas en la sociedad: «En los Estados Unidos la religión no solo regula las costumbres, sino que se extiende su imperio hasta sobre la inteligencia»[131]. Y eso sin necesidad de un Estado confesional:

> Encontré –sigue diciendo Tocqueville– que todos estos hombres no diferían entre sí más que en detalles, pero que todos atribuían principalmente a la total separación entre la Iglesia y el Estado, el pacífico imperio que la religión ejercía en su país[132].

En sintonía con otros miembros del *Moot*, «Mannheim asocia cristianismo y comunidad. Sostiene que, históricamente, el cristianismo ha demostrado su capacidad de crear y fomentar vínculos comunitarios»[133]. Por eso, ve en él un aliado para superar el individualismo de la sociedad liberal.

La búsqueda del consenso social a través de la religión está sometida a varias condiciones. En primer lugar, se ha de limitar el consenso a «aquellas virtudes primarias sin las cuales la civilización no puede existir y de las que depende la conformidad básica que da estabilidad y salud a la vida social»[134]. En segundo lugar, se han de reservar las cuestiones más personales al ámbito de la creencia individual y la libre experimentación. En esto hay que «aprender del liberalismo que las formas superiores de la

---

130 *Ibid.*, p. 17.
131 TOCQUEVILLE, A. (1984), *La democracia en América*, vol. I, Madrid, Sarpe, p. 292.
132 *Ibid.*, p. 295.
133 Véase USÓN PÉREZ, V., *Libertad y planificación. La «planificación para la libertad» de Karl Mannheim*, p. 323.
134 MANNHEIM, K., *Diagnóstico de nuestro tiempo*, p. 151.

vida espiritual florecen mejor en la libertad»[135]. En tercer lugar, se ha de fomentar la cooperación entre sociólogos y teólogos; ambos deben contribuir a proponer valores adaptados a las nuevas condiciones sociales.

En la nota introductoria a la obra póstuma de Mannheim *Libertad, poder y planificación democrática*, cuyo manuscrito queda interrumpido por su muerte imprevista, se indica que «hay indicaciones de que el autor se proponía tratar con más detalle esta función integradora de una religión progresista». Julián Morales Navarro[136] cita como prueba de ello las últimas líneas del libro:

> Aparte de un sentido interno, en la época del mañana la religión tendrá tres funciones principales en el orden social: 1) hacer el diagnóstico de la sociedad en transición; 2) concentrar la atención en los asuntos importantes; y 3) integrar la conducta humana en los distintos niveles de la vida social[137].

4. HOMBRES NUEVOS, VALORES NUEVOS

Cuando Mannheim escribe *Diagnóstico de nuestro tiempo* (1943), late en él una preocupación de fondo: ¿cómo contribuir a la reconstrucción de las democracias liberales en una época de masas? Aunque por entonces su propuesta sobre la «planificación para la libertad» estaba ya bastante perfilada –su primera formulación, articulada en *Mensch und Gesellschaft im Zeitalter des Umbaus*, es de 1935–, fue durante la Segunda Guerra Mundial cuando Mannheim decide centrar su atención en los valores.

135 *Ibid.*, p. 150.
136 MORALES NAVARRO, J., *op. cit.*, p. 288.
137 MANNHEIM, K. (1974), *Libertad, poder y planificación democrática*, versión de Manuel Durán Gili, 2ª reimpresión española, México, Fondo de Cultura Económica, p. 333.

Este giro hace que lleve la planificación a otras esferas distintas de la económica y que la vea, antes que nada, como una «tarea ética», al decir de Valentín Usón Pérez[138]. En efecto, reconstruir la sociedad exige algo más que ocuparse de crear oportunidades laborales y económicas o de poner a punto un sistema de protección social. Todo esto es necesario, pero no basta. Mannheim se da cuenta, como explican Ernest K. Bramsted y Hans Gerth, de que «ninguna sociedad puede sobrevivir si no se integran entre sí los valores básicos, las instituciones y la educación»[139].

En este ámbito, una de las cuestiones que más le preocupan es la relación entre individuo y sociedad. El sociólogo húngaro cree que las democracias liberales deben situarse en un punto intermedio entre el colectivismo, que hace de la sociedad el valor supremo ante el cual la persona debe ceder todos sus derechos, y el individualismo, para el cual el individuo es la única categoría relevante de la realidad social.

Frente a ambos extremos, recuerda que «el individuo no es una personalidad abstracta, sino que se desarrolla como un yo en la sociedad que existe en un cierto momento de la historia»[140]. Un planteamiento que lleva a Mannheim a afirmar la importancia de las entidades intermedias entre el individuo y el Estado: la familia, la escuela, las iglesias, las organizaciones cívicas, etc. Y a proponer una tercera vía que atienda tanto a las necesidades de los individuos como a las de la sociedad:

Si la vieja educación autoritaria era ciega a las necesidades vitales y psicológicas del niño, el liberalismo del *laissez faire* perturbó el equilibrio sano entre el individuo y la sociedad al concentrar su atención en el individuo casi con exclusividad, olvidando el medio concreto de la sociedad dentro del cual se espera a la contribución que cada individuo debe aportar[141].

138 USÓN PÉREZ, V., *Libertad y planificación. La «planificación para la libertad» de Karl Mannheim*, p. 24.
139 BRAMSTED, E. K. y GERTH, H., *op. cit.*, p. 16.
140 MANNHEIM, K., *Introducción a la sociología de la educación*, p. 85.
141 *Ibid.*

En este punto, sin embargo, Mannheim no escapa de su característica ambigüedad. Así, por un lado, insiste en que el individuo debe subordinar sus intereses a los de la comunidad. Y, por otro, señala la necesidad de «defender vigorosamente aquellos derechos del individuo de los que depende la libertad auténtica»[142].

Más allá de este debate, la tesis de Mannheim es que el *laissez faire* pudo dedicarse a exaltar la autonomía individual, gracias a que seguía vigente el consenso «heredado de la antigua cultura social de la Edad Media». Pero, una vez extinguido este, el énfasis excesivo en lo privado –el desinterés por la búsqueda de unos valores comunes– condujo a una situación de desintegración social. Para él, una de las expresiones más claras de este estado de cosas es el desconcierto y la inseguridad general provocados por el conflicto entre las más diversas concepciones del mundo:

Existe, en primer lugar, la religión del amor y de la fraternidad universal, fundamentalmente inspirada por la tradición cristiana. Existe después la filosofía de la Ilustración y el liberalismo, con su interés por la libertad y la personalidad y su actitud favorable respecto a la riqueza, la seguridad, la felicidad, la tolerancia y la filantropía como medios para alcanzar tanto la libertad como la personalidad. Tenemos luego la posición de los socialistas que consideran a la igualdad, a la justicia social, a la seguridad básica y a un orden social planificado, como los *desiderata* de nuestra época. Pero aparte de todos estos, tenemos, como antes dije, la filosofía más reciente [el fascismo] con su imagen demoniaca de un hombre que pone su interés en la fertilidad, la raza y el poder, en las virtudes militares y tribales de la conquista, en la disciplina y en la obediencia ciega[143].

La fragmentación del antiguo consenso se traduce también en la falta de ideas definidas respecto a multitud de cuestiones: no tenemos –lamenta Mannheim– nociones ni pautas de conducta claras sobre la libertad, la educación, el trabajo, el ocio o la sexualidad[144].

---

142 *Ibid.*
143 *Ibid.*, pp. 23-24.
144 MANNHEIM, K., *Diagnóstico de nuestro tiempo*, pp. 24-26.

Frente a esta incertidumbre generalizada, Mannheim aboga por encontrar un nuevo tipo de «conformidad básica»[145]. No se trata de pasar el rodillo igualador para que todos pensemos y actuemos de la misma forma, como quieren los sistemas totalitarios, sino de que las democracias se tomen más en serio el deber de promover y de inculcar en sus ciudadanos un mínimo de valores. Lo resume Usón Pérez:

> Ante lo que contempla como fracaso y desmoronamiento de las democracias liberales y el atropello de la libertad por las dictaduras contemporáneas (totalitarismo de izquierdas y de derechas), Mannheim ve la necesidad de una regeneración social sobre la base de unos valores compartidos[146].

Con su propuesta de planificar para la libertad, el sociólogo húngaro no solo está a favor de regular aquellas fuerzas sociales que causan desajustes en el orden social, sino que también aboga por forjar un tipo humano diferente al de antes de la guerra. Y, para eso, entiende que es imprescindible asumir un sistema de valores como término de orientación[147]. Dice Mannheim:

> La democracia debe instruir a sus ciudadanos acerca de sus propios valores en lugar de esperar débilmente hasta que el sistema sea destruido[148].

El hombre nuevo que busca Mannheim exige superar el punto de vista limitado del liberalismo, que convierte al individuo autónomo en la medida y el centro de la vida social. Como alternativa propone «el punto de vista planificador», que trata de que

---

145 *Ibid.*, p. 41.
146 USÓN PÉREZ, V., *Libertad y planificación. La «planificación para la libertad» de Karl Mannheim*, p. 24.
147 Como explica Enrique Martín López, el sistema de valores de una sociedad no se agota ni puede identificarse enteramente con el sistema moral o religioso. Por mucho que los valores éticos sean fundamentales, no dejan de ser solo una parte. El propio Martín López distingue cuatro grandes tipos de valores desde el punto de vista de su contenido: cognoscitivos, éticos, estéticos y operativos. Véase MARTÍN LÓPEZ, E., (1997) *La sociedad global*, 2ª ed., Fundación para la Formación de Altos Profesionales, col. Materiales de Trabajo, Madrid, p. 86.
148 MANNHEIM, K., *Libertad y planificación social*, p. 359.

el individuo tenga en cuenta, no solo sus intereses inmediatos, sino también las consecuencias últimas que produce su actuar en la sociedad:

> El individuo que llega a colocarse en este punto de vista, (...) puede al menos percibir la conexión entre sus propias acciones y las colectivas, entre su propio horizonte y el colectivo[149].

La educación –acabamos de verlo– debe contribuir a ese cambio de mentalidad. Cuando las sociedades democráticas se decidan a emprender esta tarea,

> descubriremos valores nuevos que perdimos en la edad de la competencia ilimitada: identificación con los demás miembros de la sociedad, responsabilidad colectiva y la necesidad de poseer un fondo común para nuestras actitudes y nuestra conducta[150].

¿A qué se refiere Mannheim? ¿Qué pretende? Si nos atenemos al tenor literal de sus palabras y a sus objetivos declarados, está claro que aboga por *algún tipo* de intervencionismo moral. Lo dice expresamente: quiere transformar al hombre[151]; moldear la persona entera[152]; dirigir sus impulsos en la dirección deseada[153]; «fomentar un cambio en sus reacciones psicológicas, en su conducta y en sus ideas»[154]... Son expresiones fuertes que ponen de manifiesto una voluntad inequívoca de intervenir en la conciencia de los individuos para generar cambios sociales.

Lo que no está claro es *qué tipo* de intervencionismo tiene en la cabeza. Si leemos su obra en conjunto, descubrimos que el ambicioso proyecto de «transformar al hombre» no es muy diferente de lo que pretenden en la actualidad las democracias

---

149 *Ibid.*, pp. 214-215.
150 *Ibid.*, p. 267.
151 Véase *ibid.*, 202.
152 Véase *ibid.*, 206.
153 Véase *ibid.*, 202.
154 *Ibid.*, 208.

liberales con ciertas políticas públicas de premios y castigos. ¿Acaso una política medioambiental que premia el uso de un tipo de energía y penaliza otro no quiere cambiar conductas y estilos de vida? Y una política educativa que insiste en inculcar a todos los estudiantes el aprecio por la diversidad familiar (en realidad, el relativismo familiar), ¿no busca forjar su particular «hombre nuevo»?[155].

Es lógico que los llamamientos de Mannheim a «rehacer al hombre»[156] despierten recelos. Pero ¿no deberían activarse también nuestras alarmas cuando un gobierno se lanza al mismo objetivo apelando a la protección del medio ambiente, la tolerancia o cualquier otro noble propósito? ¿Acaso no hay nobleza también en la intención de Mannheim de «planificar para la libertad»?

La cuestión que habría que plantear al sociólogo húngaro y a los gobiernos que hoy se lanzan a inculcar valores es si las buenas intenciones son suficientes para justificar el intervencionismo moral por parte del Estado. A la vez, debemos preguntarnos y discernir si toda promoción de valores por parte de las autoridades públicas es intervencionista. Y, para completar el debate, habría que atender a una tercera cuestión: ¿a través de qué medios pretende un Estado fomentar valores?

En este sentido, hay que subrayar que Mannheim es partidario de emplear única y exclusivamente métodos democráticos para influir en las conductas, bien directos (los que ejercen los grupos primarios a través de premios y castigos), bien indirectos (los que actúan sobre el medio social, a través de costumbres, instituciones o mecanismos sociales).

Y hay que recordar también que el tenor literal de sus palabras habla de una defensa decidida de la libertad y la democracia. Mannheim asegura que la conformidad que busca a través de la

---

155 Véanse mis artículos: «El Estado no es competente para formar en cuestiones morales controvertidas. Entrevista a María Lacalle Noriega», *Aceprensa*, 28 enero 2020; «Educación cívica: ¿la hora de 'los míos'?», *Aceprensa*, 20 mayo 2021; «La diversidad familiar: un mantra no tan inclusivo», *Aceprensa*, 21 octubre 2021.
156 MANNHEIM, K., *Libertad y planificación social*, p. 147.

planificación no pretende «crear rebaños humanos», ni «producir uniformidad», ni suprimir la libre iniciativa ni la libertad de pensamiento. Entre otras cosas, porque el consenso social solo haría referencia a un núcleo de valores compartidos, no a la variedad de opiniones que cabe mantener en una democracia sobre infinidad de cuestiones. Aquí, dice Mannheim, «es preciso que haya una libertad de gran alcance en los planos más altos de nuestra vida espiritual, especialmente libertad para la discusión intelectual»[157].

Por otra parte, los ejemplos que pone Mannheim de intervención estatal en las esferas de la educación y la cultura no parecen que escondan una agenda antidemocrática. Concretamente, aboga por:

- Educar a los jóvenes en una serie de virtudes («la cooperación, la ayuda fraternal y la honestidad») que contrarresten «ciertas actitudes exageradas» del capitalismo, como, por ejemplo, «la manía por competir, la cual no nace del deseo de realizar una obra objetiva o de servir a la comunidad, sino meramente de concentrarse en sí mismo, y con frecuencia de una ansiedad neurótica»[158].
- Dejar de asumir que la agresividad es una tendencia invariable de la naturaleza humana, que conduce necesariamente a la lucha y el conflicto, y empezar a formar en actitudes pacíficas («los holandeses son un ejemplo de que en nuestra civilización moderna los pueblos pueden vivir sin guerra durante muchos siglos»[159]).
- Fomentar las virtudes ascéticas, como la sobriedad, para evitar que el consumo exceda a la producción en tiempos de guerra y escasez.
- Poner en marcha centros de educación para adultos que inculquen el aprecio por las artes en las clases obreras, etc.

---

157 *Ibid.*, p. 359.
158 *Ibid.*
159 *Ibid.*, p. 127.

Como se ve, la grandilocuencia de las proclamas de Mannheim a favor de transformar al hombre queda rebajada a la luz de estos ejemplos bastante «inocentes» si se les compara con el «nuevo hombre» imaginado por el comunismo y el nazismo. Otra cosa es que nos parezca más o menos discutible que un Estado democrático asuma como uno de sus cometidos principales el de crear «hombres nuevos». Retomamos esta discusión en los próximos dos capítulos.

MANNHEIM Y EL POSLIBERALISMO

Vio Jonás a Leviathán Moderno,
enorme, fiero, removiendo
la peana del mar y de la tierra,
y rióse. «Por dentro,
es bastante confortable», dijo.

José Jiménez Lozano

1. EL PAPEL DEL ESTADO EN EL NUEVO ORDEN DEMOCRÁTICO

Dentro del proyecto de reconstrucción social de Mannheim, ocupa un lugar destacado su polémica propuesta de «planificar para la libertad». Más allá del debate económico, está el que afecta a la relación entre democracia y valores: ¿hasta qué punto cabe recurrir al poder del Estado para ordenar la sociedad según la propia visión del bien común? ¿Es legítimo ese empeño? ¿Cómo conciliarlo con el pluralismo de valores y visiones del mundo característico de las democracias liberales?

La cuestión vuelve a estar de moda con motivo del debate sobre la crisis del liberalismo que han abierto una serie de políticos europeos de derechas, como el primer ministro húngaro Viktor Orbán, la primera ministra italiana Giorgia Meloni, su actual vicepresidente y líder de la Liga, Matteo Salvini, o la exdiputada francesa Marion Maréchal. En la primera línea del debate está también un grupo de intelectuales de Estados Unidos que se definen como posliberales: Patrick J. Deneen, Gladden Pappin, Adrian Vermeule y Chad Pecknold. Nos referimos a ellos en el cuarto epígrafe del capítulo.

Mannheim parte del hecho de que no toda planificación es perniciosa y mala. La diferencia viene dada por la respuesta a la pregunta: ¿planificar para qué? En consecuencia, habrá que juzgarla buena o mala según los propósitos que la orienten. Así, distingue entre la planificación de los sistemas totalitarios, concebida como un instrumento de conformidad absoluta, y la planificación democrática, diseñada al servicio de la libertad y de la variedad.

El sociólogo húngaro está plenamente convencido de que «ni la naturaleza ni la función de un sistema social planificado exigen el sacrificio de nuestras genuinas libertades o de la idea democrática de autodeterminación»[160]. Por eso, insiste en la necesidad de dar con una forma de planificación «que sea por sí misma una garantía contra los atropellos del despotismo»[161], que era la manera conocida de planificar hasta entonces.

Es interesante tener este dato en mente, pues el contexto en que escribe Mannheim es muy distinto del actual. Hoy –observa Valentín Usón Pérez– estamos «acostumbrados a expresiones como "plan energético", "plan general de urbanismo", "plan de expansión" de una empresa, "planes de desarrollo" y otras semejantes», de modo que puede darse «por desfasada la discusión sobre su conveniencia o no. Se ve con normalidad el empleo del término *planning* en las más diversas esferas de la vida»[162].

Pero, en la época de Mannheim, la planificación a menudo era sinónimo de gobierno despótico y dictatorial. Para disipar los lógicos recelos que despierta su propuesta, aboga por un tipo de planificación muy concreta:

---

160 MANNHEIM, K., *Libertad y planificación social*, p. 12.
161 *Ibid.*, p. 13.
162 USÓN PÉREZ, V. *Libertad y planificación. La «planificación para la libertad» de Karl Mannheim*, pp. 244-245.

- Tiene que ser planificación para la libertad, sujeta a control democrático.

- Planificación, pero no una planificación restriccionista que favorezca a los monopolios de grupo, sean de hombres de empresa o de asociaciones obreras, sino «planificación para la abundancia», es decir, pleno empleo y total explotación de los recursos.

- Planificación para la justicia social, más que igualdad absoluta, con diferenciación de recompensas y situación personal, sobre la base de la verdadera igualdad más que el privilegio.

- Planificación, no para una sociedad sin clases, sino para una sociedad que suprima los extremos de riqueza y pobreza.

- Planificación para la cultura sin «nivelación por lo bajo»: una transición planificada favorable al progreso, sin suprimir lo que hay de valioso en la tradición.

- Planificación que contrarreste los peligros de una sociedad de masas, coordinando los instrumentos de control social, pero interviniendo solamente en los casos de degeneración institucional o moral, definidos por el criterio colectivo.

- Planificación para el equilibrio entre la centralización y la dispersión del poder.

- Planificación para la transformación gradual de la sociedad, a fin de estimular el desarrollo de la personalidad.

- En una palabra, planificación, no regimentación»[163].

Para Mannheim, la planificación democrática tiene dos vertientes. En primer lugar, es un instrumento de coordinación, que permite articular las técnicas sociales al servicio de fines previamente consensuados. Y en segundo término, es un instrumento de racionalidad, destinado a corregir los desajustes que provienen del auge del irracionalismo en la sociedad de masas. Ambas

---

163 MANNHEIM, K. (1974), *Libertad, poder y planificación democrática*, traducción de Manuel Durán Gili, 2ª reimpresión en español, Fondo de Cultura Económica, pp. 50-51. He suprimido los subrayados originales y he dispuesto la enumeración en puntos y aparte para facilitar la lectura del párrafo.

dimensiones –piensa– hacen de la planificación un medio idóneo para la reconstrucción de las democracias tras la Segunda Guerra Mundial.

En las antípodas de Mannheim se sitúan los pensadores y economistas liberales como Ludwig von Mises, Lionel Robbins, Friedrich Hayek, Karl Popper, Milton Friedman o Lucas Beltrán. En mayor o menor grado, todos ellos identifican planificación con socialismo, y socialismo con retroceso democrático y pérdida de libertades[164]. Una asociación que se entiende a la luz del momento histórico que viven, pero que no resulta evidente. ¿Es justo tachar de antidemocrático a quienes no comparten el entusiasmo por el liberalismo económico? ¿Y a quiénes no suscriben la forma liberal de la democracia? ¿Podemos seguir considerando demócratas a los partidarios de una democracia «iliberal», como la que quiere en la actualidad Viktor Orbán, o incluso «posliberal», adjetivo que reclaman para sí los partidarios del llamado «conservadurismo del bien común»?

Estos dos últimos adjetivos –iliberal y posliberal– quizá casan bien con el tipo de intervencionismo que propone Mannheim en las esferas de la cultura y de la educación, seguramente el aspecto más inquietante de su propuesta. Tras el ascenso de Hitler al poder, una de sus obsesiones es esclarecer cuáles son los mejores medios con que un Estado democrático puede ejercer «una influencia adecuada en la conducta y en las actitudes de los hombres»[165] que neutralice el avance de los totalitarismos.

De ese «giro copernicano» en su obra da cuenta Enrique Martín López:

Hasta 1933 –por poner una fecha simbólica, como punto de partida–, a Mannheim le había preocupado la «determinación social del pensamiento». A partir de entonces se introduce en una nueva perspectiva

---

164 Véase USÓN PÉREZ, V., *Libertad y planificación. La «planificación para la libertad» de Karl Mannheim*, pp. 247-248.
165 MANNHEIM, K., *Libertad y planificación social*, p. 273.

que, en buena medida completa el enfoque anterior y en buena medida lo subvierte. Se trata de estudiar la «determinación cognoscitiva de la sociedad». Esto es, se trata de saber cómo las distintas formas de conocimiento originan formas diferentes de organización de la sociedad[166].

Para Martín López, la experiencia decisiva que transforma a Mannheim y a tantos otros intelectuales de su tiempo es la conciencia de que Occidente atraviesa una crisis de valores sin precedentes que se manifiesta en «la incapacidad para discernir entre lo bueno y lo malo», y que lo deja expuesto –según el diagnóstico de Mannheim– a dos extremos: el totalitarismo y el *laissez faire* relativista. Para el sociólogo húngaro, «el problema está situado en el nivel de pensamiento colectivo y es ese pensamiento y en ese nivel, lo que conviene educar y rectificar»[167].

Si en sus etapas húngara y alemana –sigue diciendo Martín López– Mannheim indaga cómo las estructuras económicas y sociales determinan los modos de pensar, en la etapa inglesa le preocupa sobre todo esclarecer cómo «la sociedad es consecuencia de un modo determinado de pensamiento colectivo» y qué se puede hacer para corregirlo cuando genera desviaciones.

Esta explicación es clave para entender qué pretende Mannheim cuando se propone influir en las conductas y las mentalidades. El sociólogo húngaro no tiene una agenda oculta y, si es verdad que hace ingeniería social –como le reprocha justamente Karl Popper (ver capítulo 6)–, esta va dirigida a fomentar el pensamiento democrático frente al totalitarismo, el pensamiento racional frente al irracionalismo de la sociedad de masas, el pensamiento que equilibra derechos y responsabilidades frente al individualismo...

De todos modos, tampoco es posible saber a ciencia cierta qué pretendía Mannheim pues sus llamamientos a «fomentar el desarrollo de la personalidad» a través de la educación y

---

166 MARTÍN LÓPEZ, E., «Conocimiento y acción social. Karl Mannheim: las cuatro etapas de su producción científica».
167 *Ibid.*

la cultura no siempre son claros. Se entiende el desconcierto de quienes leen, por ejemplo, que «cualquiera que planifique para la libertad (...) tiene, por supuesto, que planificar también para el conformismo». Pero a continuación aclara que el tipo de conformismo por el que aboga se limita a la promoción de un fondo común de actitudes y valores, que es lo mismo que persigue hoy la educación cívica en las democracias liberales. Y, por si hubiera dudas, subraya que la formación en ese marco común de valores debe ir de la mano del respeto a la libertad individual y a la diversidad de opiniones:

> Planificar para la libertad no quiere decir que se prescriba una forma determinada que ha de tomar la individualidad, sino que se tenga el conocimiento y la experiencia necesarios para decidir qué clase de educación, qué clase de grupos sociales y qué clase de situación son más favorables para despertar la iniciativa, el deseo de formar cada uno su propio carácter y de decidir su propio destino[168].

Por otra parte, el hecho de que siempre insista en la necesidad de someter ese empeño al control democrático y los mismos ejemplos que pone, hace pensar que detrás de esas gruesas palabras hay propuestas menos contundentes de lo que parece. A fin de cuentas, no pocas de las medidas que escandalizaron en tiempos de Mannheim –recordemos que el Reino Unido estaba poniendo por entonces las bases del Estado del bienestar–, ya están incorporadas a la práctica cotidiana de las democracias liberales del siglo XXI. Esto no quiere decir que no sean criticables, pero sí ayuda a contextualizar algunas de las también gruesas críticas que recibe Mannheim.

---

168 MANNHEIM, K., *Libertad y planificación social*, p. 268.

2. ¿QUÉ SIGNIFICA «PLANIFICAR PARA LA LIBERTAD» EN LA PRÁCTICA?

Irracionalidad y sociedad de masas son –ya lo hemos visto en el capítulo 2– dos elementos de una mezcla explosiva. Por eso, para Mannheim, una función esencial de la planificación es «el dominio racional de lo irracional»[169] a través del control social, cuyo objetivo último es reconducir el desarrollo desbocado de ciertas «tendencias que si crecieran por sí solas podrían acarrear la opresión o el caos, trastornar el equilibrio de las fuerzas, o perjudicar los intereses públicos»[170]. ¿Qué tipo de control tiene en mente?

En la esfera económica, el establecimiento de controles democráticos es necesario, según Mannheim, para corregir problemas como la pobreza, la desigualdad excesiva o la precariedad laboral. Frente a ellos, propone una batería de medidas: los planes de inversión pública, la redistribución de la riqueza a través del sistema fiscal, la creación de un sistema mixto que prevea la cooperación de las empresas públicas y las privadas, la expansión de los servicios sociales, etc.

Todas estas medidas son compatibles con un sistema de economía de mercado y, de hecho, son las que defienden los partidos de izquierdas en las democracias liberales contemporáneas. Ahora bien, si no bastaran esas medidas para alcanzar por sí solas la estabilidad económica, Mannheim propone recurrir entonces a una intervención pública más contundente: «Los "controles de salarios y de precios" pueden ser tan solo el primer paso, que será seguido por un "control de las inversiones" en toda la esfera de la economía»[171].

El sociólogo húngaro llega a plantearse si es necesaria la nacionalización de todas las industrias a gran escala, pero acaba rechazando esta medida:

---

169 *Ibid.*
170 MANNHEIM, K., *Libertad, poder y planificación democrática*, p. 148.
171 *Ibid.*

> Tal acontecimiento [la nacionalización] cambiaría definitivamente la tendencia de la organización económica, que de la descentralización pasaría a la centralización, y podría sobrepasar un punto más allá del cual la estabilidad económica ya no es compatible con la planificación democrática[172].

Lo que Mannheim rechazó a mediados del siglo XX ha entrado en los programas económicos de algunos partidos de izquierdas en el siglo XXI. Así, en Reino Unido, el entonces líder del Partido Laborista Jeremy Corbyn propuso en 2018 nacionalizar las redes de distribución de gas y de energía, el agua, el ferrocarril o el servicio de correos, mientras que en España Podemos lleva años pidiendo la nacionalización de las empresas eléctricas y más recientemente, en 2023, la de las torres de control aeroportuarias.

Otra esfera en la que Mannheim reclama un control democrático son los medios de comunicación. Aquí su preocupación es que unas pocas empresas monopolicen las opiniones de toda una sociedad:

> No puede mantenerse el equilibrio de la sociedad si los grupos privilegiados pueden utilizar los medios más potentes para diseminar sus ideas, mientras que los menos privilegiados se ven privados de medios similares de expresión[173].

Para prevenir esto, Mannheim propone centralizar los servicios de comunicaciones según tendencias democráticas. Y cita como ejemplo la experiencia de la British Broadcasting Corporation (BBC):

> El reglamento de la BBC garantiza una presentación justa de las distintas opiniones. (...) Es democrático, en primer lugar, porque el Consejo de la BBC representa un control por parte no solamente de los intereses de los negociantes, sino también de representantes de varios sectores del público, y todo el organismo se halla bajo el control del Parlamento[174].

---

172 *Ibid.*, p. 160.
173 *Ibid.*, p. 172.
174 *Ibid.*, pp. 173-174.

Es interesante tener en mente este tipo de ejemplos para entender la clase de planificación por la que aboga Mannheim. Es cierto que resulta inquietante oír hablar de la necesidad de someter a un «control demócratico» la prensa y la radio. Pero, a la vista de los ejemplos que pone, no se puede concluir que quiera ir más lejos de donde llegan las democracias liberales en la actualidad.

Otro ejemplo de acción planificadora es la política familiar:

> Aquellos que planifican para la libertad pensarán en medidas que aseguren el florecimiento de la familia y de los otros grupos primarios, y tratarán de suprimir las dificultades de la vida urbana que dificultan el criar a los hijos, mientras la familia sea objeto de aprecio como organismo irreemplazable para la formación del carácter[175].

Y aunque Mannheim aboga por una política de incentivos a la natalidad, defiende que ha de estar permitida la venta de anticonceptivos.

De la planificación en el ámbito de la educación ya me he ocupado en el capítulo 3. Basta recordar que, en esta esfera, una de las preocupaciones centrales de Mannheim es contrarrestar ciertas carencias cívicas de la época. Así, frente al individualismo dominante del *laissez faire*, defiende que la escuela debe ensanchar los horizontes de los alumnos y despertar en ellos el sentido de responsabilidad hacia los demás, para que sean capaces de considerar «sus intereses estrechos y egoístas a la luz de los de la comunidad en general. (...) Esto deberá ayudar a que se restablezcan simultáneamente el ambiente moral que anteriormente era mantenido por la costumbre y la tradición»[176].

Por otra parte, Mannheim está convencido de que la sensibilidad y la estima por los bienes culturales requieren cauces adecuados de educación y medios que no pueden ser impuestos, pero sí facilitados según las preferencias:

---

175 MANNHEIM, K., *Libertad, poder y planificación democrática*, p. 224.
176 *Ibid.*, p. 225.

La apreciación de la música y de las otras artes, para no hablar del goce de tocar un instrumento musical y la actividad artística creadora, es resultado de la educación y la preparación, y el llamado sentido musical y artístico es, no obstante la inspiración, producto en gran parte de la tradición y la educación[177].

El control democrático del poder en una sociedad planificada es una de las obsesiones que recorre la obra póstuma de Mannheim. Entre los principios que deben regirlo, señala los siguientes: la representación de todas las fuerzas sociales; la competencia de ideas; la superioridad de la representación parlamentaria; la rendición de cuentas de los gobernantes; la actitud constructiva de la oposición...[178].

Entender la planificación como «el dominio racional de lo irracional» trae, entre otras consecuencias, la disminución progresiva del elemento político en una democracia. Esta tendencia hacia la tecnocracia es –según Mannheim– altamente beneficiosa, en la medida en que permite desideologizar cuestiones que no tienen por qué plantearse en términos partidistas. La tendencia a «considerar un número cada vez mayor de problemas como no políticos» explicaría la aparición de dos instituciones típicas de las sociedades modernas: la burocracia y los servicios sociales.

Para Mannheim, la burocracia como principio de organización tiene dos ventajas evidentes: en primer lugar, permite servir con más eficacia a las grandes masas, a la vez que sustituye la arbitrariedad de los métodos antiguos; en segundo término, aumenta el grado de justicia e imparcialidad en las decisiones, pues «contribuye a neutralizar las inclinaciones primitivas hacia el favoritismo, el nepotismo y la dominación personal»[179].

---

177 *Ibid.*, p. 325.
178 Véase *ibid.*, pp. 188-194.
179 *Ibid.*, p. 327.

De los servicios sociales, dice Mannheim que su extensión es «la esencia misma de la planificación»[180]. Y añade: «Los seguros de vejez, de enfermedades y de desocupación deben ser las primeras tareas que emprenda la planificación».

3. LA LIBERTAD SEGÚN MANNHEIM

A la vista de su programa económico, a Mannheim se le puede considerar socialdemócrata. Sin embargo, desde el punto de vista de sus ideas políticas, el equipo liderado por David Kettler sitúa la obra del sociólogo húngaro dentro de la tradición liberal, pese a «sus numerosas desviaciones respecto de esa tradición»[181]. Una caracterización que, como ellos mismos admiten, no convencerá a quienes identifican el liberalismo simplemente con el deseo de mantener a raya al poder político.

El propio Mannheim se muestra ambiguo y afirma de sí mismo a mediados de los años 30: «El entendimiento me dice que el liberalismo está obsoleto, pero mis actitudes se encuentran todavía en un nivel liberal»[182]. Y en 1936, en respuesta a las críticas que le dirige su admirado Oszkár Jászi, se defiende:

> En mi opinión, los dos somos «liberales» en nuestras raíces. Usted, sin embargo, desea oponerse a los tiempos, en noble desafío, mientras que yo, como sociólogo, desearía llegar a conocer, mediante una atenta observación, el secreto (aunque sea infernal) de estos tiempos nuevos, pues creo que es la única manera de que podamos seguir siendo los que dominemos la estructura social, en vez de que esta nos domine. Promover los valores liberales con ayuda de las técnicas de la moderna sociedad de masas tal vez sea una empresa paradójica, pero es la única manera posible, si no quiere uno contentarse tan solo con el desafío[183].

---

180 MANNHEIM, K., *Libertad y planificación social*, p. 358.
181 KETTLER, D., MEJA, V. y STEHR, N., *op. cit.*, p. 31.
182 MANNHEIM, K., citado en KETTLER, D., MEJA, V. y STEHR, N., *op. cit.*, p. 29.
183 *Ibid.*, p. 32.

Es cierto que Mannheim puede ser considerado liberal en un sentido: confía en el poder de la razón para sobrellevar de forma pacífica los desacuerdos entre las distintas visiones del mundo que compiten en una democracia. Además, defiende que la competencia entre esas cosmovisiones necesita de un marco institucional que salvaguarde la libertad de todos. Destaco un pasaje que podría firmar cualquier pensador liberal:

> La única posibilidad de que el ideal de la libertad continúe vivo en el espíritu de los gobernantes, reside en la subsistencia y el apoyo de las instituciones libres. La falacia peligrosa en la argumentación comunista consiste en que sus defensores a ultranza prometen pagar por cada pulgada de libertad perdida en el período intermedio de dictadura, con un cheque sin fecha contra un futuro mejor. Pero a estas alturas hemos aprendido ya que toda mejora es infinitamente más valiosa si se consigue gradualmente, en condiciones de libertad y acuerdo democrático, que si hay que pagarla sacrificando las instituciones libres y el espíritu amante de la libertad que le acompaña[184].

Ahora bien, Mannheim también es partidario de que el Estado abandone la neutralidad liberal y de que intervenga en el mercado de las ideas, sea para fomentar una serie de valores y actitudes, sea para actuar con más contundencia si es la propia democracia lo que está en juego.

Por otra parte, su empeño por corregir o, incluso, reemplazar el liberalismo con una teoría social que reconcilie la defensa de la autonomía individual con un énfasis mayor en la unidad social, permite que podamos situar su obra dentro de la corriente de pensamiento que hoy se conoce como posliberalismo. Él mismo afirma que no teme que se le tenga como un «adversario» de la democracia liberal, si bien a renglón seguido aclara que su crítica al liberalismo nace del deseo de adaptarlo a una época de masas[185].

---

184 MANNHEIM, K., *Libertad, poder y planificación democrática*, pp. 49-50.
185 Véase MANNHEIM, K., *Libertad y planificación social*, p. 110.

La caracterización de Mannheim como posliberal es consecuente con la concepción de la libertad que defiende, muy distinta de la del liberalismo clásico. En primer lugar, el sociólogo húngaro no concibe una libertad desvinculada de las condiciones sociales que la posibilitan o que la obstaculizan en la práctica. Para él, toda reflexión acerca de la libertad debe partir de «la pregunta de hasta qué punto y en qué forma es posible la iniciativa en una sociedad dada», pues «los tipos posibles de libertad varían en las diferentes sociedades»[186].

Lo explica con una analogía: la libertad de que uno goza en una relación de amistad no es la misma que la libertad que uno se puede permitir dentro de una organización. Todo el mundo entiende que en ambos contextos operan reglas sociales distintas, y a nadie se le ocurriría decir que no hay libertad en una empresa solo porque en ella no se puede actuar como se actúa con un amigo. Este ejemplo, que desarrolla en varias páginas, le sirve «para mostrar qué absurdo es (...) hablar de falta de libertad en abstracto en lugar de pensar qué forma de libertad es posible en unas circunstancias sociales dadas»[187] o en un momento histórico concreto.

A este respecto, Mannheim distingue tres formas básicas de libertad, que se corresponden con las tres etapas del desarrollo de la técnica social. En la «etapa del descubrimiento casual» –la primera y más elemental de todas–, la libertad se manifiesta sobre todo en la capacidad de «tomar las medidas necesarias para satisfacer los propios deseos a medida que surgen»[188].

En la «etapa del invento», la libertad se expresa fundamentalmente en la capacidad de hacernos «cada vez más independientes de las condiciones naturales tal como son dadas»[189]. Ahora bien, la libertad ganada a través de la técnica frente al determinismo de la naturaleza tiene algunos efectos colaterales imprevistos tanto en la organización social como en la psicología de las personas.

---

186 *Ibid.*, p. 376.
187 *Ibid.*, p. 377.
188 *Ibid.*, p. 379.
189 *Ibid.*

Uno de los más destacados es que, a medida que el hombre inventa y transforma sus condiciones materiales de vida, cambia él mismo. «Los resultados que va acumulando la civilización alteran no solo nuestra relación con la naturaleza, sino también nuestro carácter»[190]. Y lo mismo cabe afirmar respecto del medio social: el proceso civilizador desencadena tendencias que nadie había previsto y que, a su vez, generan nuevos desajustes en la sociedad. Así, cambiamos sin querer el determinismo de las fuerzas naturales por el de las fuerzas sociales.

Para salir de esta situación y alcanzar la anhelada libertad, necesitamos –dice Mannheim– dar un paso más. Es la «etapa de la planificación», en la que la libertad se concreta principalmente en la capacidad de «dominar los efectos del medio social lo más posible». Gracias a la acción planificadora en los distintos ámbitos de la vida social (economía, educación, cultura...), es posible «influir en la dirección de los asuntos sociales desde las posiciones dominantes con arreglo a un plan determinado»[191].

Según Mannheim, esta influencia directa sobre el medio social traerá como efecto benéfico la libertad efectiva para todos, algo que hasta ahora no ha conseguido el liberalismo. «Se ha indicado acertadamente que las "libertades" de la sociedad capitalista liberal están con frecuencia solo al alcance de los ricos y que los desposeídos se ven obligados a someterse a la presión de las circunstancias». Y, a modo de ejemplo, pregunta: «¿Para qué le sirve la libertad de enseñar y aprender a un pobre hombre que no dispone ni de tiempo ni de medios para adquirir la instrucción necesaria?»[192].

Esto es lo que, a juicio de Mannheim, no ve el liberalismo: habla mucho de libertad, pero no tiene en cuenta los condicionamientos sociales que impiden a todos el disfrute efectivo de las libertades.

---

190 *Ibid.*, p. 380.
191 *Ibid.*, p. 382.
192 *Ibid.*

Con esto en mente, quizá se entienda mejor lo que propone Mannheim: dejar de identificar la libertad con la ausencia de impedimentos a la realización de los propios deseos, y empezar a entender «como una forma superior de libertad» el permitir que ciertas esferas de la vida social estén reguladas para facilitar que todos puedan disfrutar de las libertades que ofrece el orden liberal.

Frente a la concepción libertaria de la libertad, Mannheim insiste en que «el poder hacer lo que uno quiera en una sociedad injusta o mal organizada parece una esclavitud mayor que aceptar las exigencias de la planificación en una sociedad sana y elegida por nosotros mismos»[193]. Con este planteamiento, abre la puerta a una noción de libertad que tenga en cuenta, además del aprecio por la autonomía individual, otros elementos como la referencia a un sistema de valores o fines sociales. Y, de paso, abre la puerta también a la posibilidad de un régimen de gobierno alternativo a la democracia liberal.

En efecto, para Mannheim, defender la democracia en una época de masas exige ir más allá del liberalismo y otorgar al Estado un papel más activo en la reconstrucción de la sociedad. A fin de cuentas, observa, «no debemos olvidar que en la esfera de la cultura (y lo mismo en la economía) nunca ha existido un liberalismo absoluto, sino que al lado de la acción indirecta de las fuerzas sociales ha existido siempre, por ejemplo, una reglamentación de la educación. También el Estado liberal ha reglamentado instituciones enteras»[194]. Asimismo, promueve –sobre todo, entre las élites– los valores y las actitudes necesarias para que el liberalismo siga existiendo.

Mannheim no dice que su concepción de la sociedad planificada sea liberal, pero sí que es democrática e incluso eficaz para defender las libertades que la liberal República de Weimar no lo-

---

193 *Ibid.*, p. 383.
194 *Ibid.*, p. 119.

gró defender. Por eso, a su juicio, el debate que debemos tener es «qué clase de libertad, de democracia y de cultura serán posibles» en la moderna sociedad de masas.

Mannheim afirma de sí mismo que, para él, «la libertad y la responsabilidad personal son, de todos los valores, los más altos»[195]. Pero, a renglón seguido, añade que para defender esos valores y, en definitiva, la democracia y el liberalismo ya no vale con «la mera afirmación de las excelencias de la libertad y de la independencia de cada uno para decidirse por sí mismo». Hace falta una crítica constructiva de las tendencias desintegradoras del liberalismo y comprender bajo qué condiciones sociales

> el orden liberal sin plan se convirtió en una anarquía; cómo el principio de *laissez faire*, que en otro tiempo mantenía el equilibrio de la marcha social, en este grado de la evolución vino a terminar en un caos, tanto en la vida política como en la de la cultura[196].

Aclaradas sus intenciones, todo el interés de Mannheim se concentra en hallar «un tipo de planificación que permita el máximo de libertad y de autodeterminación»[197]. Pero no puede evitar enredarse en una enmarañada ambigüedad, sobre todo, en las páginas finales de *Libertad y planificación social*. Así, de un lado, presenta la protección constitucional de las libertades fundamentales como una «garantía contra el exagerado dogmatismo en la planificación»[198] y afirma que si «el control democrático y parlamentario» de la sociedad planificada desaparece, «la planificación sería un desastre y no un remedio»[199]. De otro, formula ideas realmente inquietantes, como cuando afirma que la libertad «no puede consistir en limitar los poderes del planificador»[200].

---

195 *Ibid.*, p. 11.
196 *Ibid.*, p. 10.
197 *Ibid.*, p. 13.
198 *Ibid.*, p. 385.
199 *Ibid.*, p. 386.
200 *Ibid.*, p. 384.

El propio Mannheim no debió de tomarse demasiado en serio esta última afirmación. Recordemos que una de las preocupaciones centrales de su obra póstuma *Libertad, poder y planificación democrática* es responder a la pregunta ¿quién planifica al planificador? y esclarecer cuáles son los elementos del control democrático del poder que protegen a los ciudadanos de los gobernantes que quieren destruir las instituciones democráticas y los derechos fundamentales.

De todos modos, con Mannheim, siempre hay una duda razonable acerca de qué pesa más: ¿la salvaguarda de las libertades individuales o la de su plan para reconstruir la sociedad?

4. ¿QUÉ LES PASA A LOS CONSERVADORES CON EL LIBERALISMO?

La crítica de Mannheim a la concepción liberal de la libertad (y, por extensión, al liberalismo) tiene muchas similitudes con la que formula en la actualidad el grupo de profesores católicos que publica el boletín *Postliberal Order* desde noviembre de 2021: Patrick J. Deneen (Universidad de Notre Dame), Gladden Pappin (Universidad de Dallas), Chad Pecknold (Universidad Católica de América) y Adrian Vermeule (Universidad de Harvard).

En poco tiempo, estos cuatro autores se han convertido en la cara visible de una nueva corriente de pensamiento que ellos mismos han bautizado como posliberalismo o conservadurismo del bien común[201].

Aunque Mannheim y los posliberales vienen de tradiciones políticas distintas y prescriben terapias muy diferentes, tienen puntos en común. De entrada, comparten un *leit motiv*: el libe-

---

201 Analicé esta corriente en una serie de tres artículos: «Posliberalismo: por qué las derechas no se entienden», *Aceprensa*, 3 febrero 2022; «¿Qué significa usar el poder del Estado a favor del bien común?», *Aceprensa*, 10 febrero 2022; «En busca de una economía y una cultura que funcionen para todos», *Aceprensa*, 17 febrero 2022.

ralismo ha conseguido muchas cosas buenas, pero también ha roto promesas. Hablar de estas carencias no debería ser un problema para una filosofía política que se jacta –con motivo, cabe añadir– de proteger como ninguna otra el libre debate.

¿Qué argumentos tienen los posliberales contra el liberalismo? Básicamente, dos: uno político y otro filosófico.

1. *El mito de la neutralidad:*
    Si hacemos caso al filósofo John Rawls, uno de los teóricos del liberalismo contemporáneo más destacado (ver capítulo 5), de las sociedades liberales cabe esperar –como mínimo– dos cosas: *flexibilidad* para acomodar las distintas visiones del mundo y estilos de vida que compiten en el espacio público; y *neutralidad* por parte del Estado que, como un árbitro imparcial, se limita a garantizar que todos puedan participar en esas disputas «como ciudadanos libres e iguales».

    Pero esto es precisamente lo que no se creen los posliberales. La neutralidad es un mito –dicen–, porque el Estado liberal sí toma partido por determinadas visiones del mundo. Por ejemplo, cuando permite que en las escuelas públicas se inculque una visión de la familia y la sexualidad contraria a la que muchos padres quieren enseñar a sus hijos; o cuando las autoridades públicas obligan a una persona o a una institución a realizar (bajo la amenaza de multas, despidos o retirada de subvenciones) determinadas prácticas que consideran contrarias a su conciencia o su ideario; o cuando se somete a un escrutinio especial las convicciones morales de los creyentes que aspiran a un cargo público, como si los no creyentes no tuvieran la suya, etc.

    Los posliberales se han cansado de ver cómo la izquierda recurre al poder político para difundir su visión del mundo y sus valores, mientras a los conservadores se les exige que se abstengan de intervenir en la configuración de la moral pública. Para corregir este desequilibrio, abogan por romper su alianza con el liberalismo y por empezar a usar el poder del Estado a favor de sus causas, como hacen los progresistas.

Cuando los posliberales hablan de utilizar el poder político al servicio del bien común mezclan varias cosas. Algunas medidas son muy parecidas a las del Estado del bienestar europeo, como los permisos retribuidos de maternidad y paternidad. Otras van más lejos y miran a la política familiar de Viktor Orbán, que prevé exenciones de impuestos en función del número de hijos y ayudas más generosas. Y otras tienen implicaciones en el ámbito de los valores, como la prohibición de la enseñanza de la teoría crítica de la raza o la ideología de género en las aulas; la regulación más estricta de las empresas tecnológicas para dificultar el acceso a la pornografía; la financiación preferente de la familia de base conyugal, etc.

2. *La exaltación del individuo autónomo*

Para los posliberales, no vale decir que el liberalismo contemporáneo ha distorsionado la tradición liberal clásica. Al revés: el problema –como lo formula Patrick J. Deneen[202], seguramente el autor más influyente de los cuatro posliberales citados– es que el liberalismo ha llevado a la práctica demasiado bien la visión del hombre en que se sustenta.

El liberalismo, dice Deneen, se presenta como una doctrina que deja en paz a los individuos, pues se limita a permitir que cada cual persiga su idea de vida buena. Pero lo cierto es que también esta doctrina ha aspirado desde sus orígenes a transformar a las personas y a la sociedad, orientándolas hacia la autonomía absoluta.

---

202 Véase DENEEN, P. (2018), *¿Por qué ha fracasado el liberalismo?*, traducción de David Cerdá García, Madrid, Rialp. Comenté este libro en mi artículo «Una nueva cultura para las democracias liberales», *Aceprensa*, 19 enero 2018.

Lejos de ser neutral, el liberalismo propugna la emancipación respecto de los vínculos forjados en los grupos intermedios, como la familia y las iglesias, y fomenta el desprecio a las normas culturales surgidas de la tradición o la costumbre. Además, la obsesión por expandir al máximo la libertad individual llevó a algunos pensadores liberales, como John Stuart Mill, John Dewey o Richard Rorty, a propugnar la liberación respecto de la naturaleza humana.

El resultado de estas premisas antropológicas no podía ser otro que una nueva concepción de la libertad. Si la tradición preliberal entendía la libertad como la capacidad de autodominio –a través del ejercicio de la virtud–, el liberalismo la redefinió como la capacidad de perseguir los propios deseos sin más límites que los derivados de la prohibición de no dañar a nadie. Y puso al Estado a defenderla a capa y espada. En esto tampoco fue neutral.

Frente a la visión liberal, tanto Deneen como el resto de posliberales insisten en que el Estado no existe para garantizar la libertad sin trabas, sino que debe preocuparse por levantar un orden político y social ordenado al bien común; esto es, que facilite las condiciones que hacen posible el disfrute de los bienes que conducen a una vida plena: familias estables, condiciones de vida dignas, ambiente moral saludable, apoyo a las comunidades religiosas... Lo que, a su juicio, exige decir adiós a las reglas del liberalismo, como la neutralidad ética del Estado, la visión de la ley como mera herramienta pacificadora, la separación entre política y religión, etc.

Hay que reconocer a estos cuatro pensadores posliberales el mérito de haber llevado al debate público cuestiones importantes. Pero, a la vez, se les puede objetar (a ellos y, en general, a los conservadores críticos con el liberalismo) que piensen con realismo en las alternativas. El nivel de libertad y prosperidad de que gozan todos los ciudadanos de las democracias liberales

–incluidos los conservadores– es verdaderamente envidiable. Y también es envidiable la capacidad del liberalismo para gestionar razonablemente bien los desacuerdos de ideas. E incluso en los casos en que el Estado liberal se sobrepasa e incumple sus propias reglas, el liberalismo sigue brindando amparo frente a la intolerancia y el abuso de poder a través de los tribunales.

Esto no significa que vivamos en el mejor de los mundos posibles. Significa simplemente –como observa Rachel Lu– que vivimos en un régimen político «con innumerables oportunidades para perseguir cualquier meta que consideremos digna» y para, si queremos, intentar mejorar ese mundo en la medida de nuestras posibilidades, una libertad que no tienen en la actualidad ni han tenido a lo largo de la historia millones de personas[203].

El liberalismo ofrece un marco político de convivencia, pero lo que ocurra dentro de ese marco depende de la cultura que lo inspire; es decir, depende de lo que cada cual sea capaz de construir por su cuenta y asociado con otros[204].

---

203 Véase LU, R. (2018), «Jonah Goldberg *vs.* Patrick Deneen: Is Liberalism a Blessing or a Curse?», *Public Discourse*, 7 junio.

204 Desarrollo estos argumentos a favor del liberalismo en mis artículos «La difícil práctica del liberalismo», *Aceprensa*, 25 septiembre 2019; y «Por qué los conservadores no deberían celebrar la crisis del liberalismo», *Aceprensa*, 21 abril 2021.

MANNHEIM Y EL DEBATE ÉTICA-POLÍTICA

Terminó la revolución. (...)
Tronaban los motores de los coches deportivos,
gritaban los periódicos y, en general, hay que decir
que la vida mostraba una tendencia ascendente,
por utilizar un término neutro
y no ofender ni a los vencidos ni a los vencedores,
ni a aquellos que todavía no sabían
en qué bando se encontraban.

Adam Zagajewski

1. DOS CONCEPCIONES DE LA DEMOCRACIA

Ya hemos visto que el empeño de Mannheim por armar a las democracias liberales frente a los totalitarismos se tradujo, especialmente durante la Segunda Guerra Mundial, en un interés creciente por el papel de los valores, la educación y la religión en la esfera pública. Una manifestación concreta de este compromiso fue su participación en varias tertulias de la BBC, el servicio público de radio y televisión del Reino Unido, en las que vio una oportunidad para fomentar el pensamiento democrático.

«No contento con la elitista discusión y transmisión académica de los valores democráticos en el reducido recinto universitario –explica Juan Ramón Tirado Rozúa–, [Mannheim] decidió llevarlos a la BBC con la intención de difundirlos ante el máximo número de oyentes posible». Y así, aprovechó este foro privilegiado para poner ante la opinión pública cuestiones que sirvieran de acicate a la reflexión y el sentido crítico. Entre otras, Tirado Rozúa menciona las siguientes:

> ¿Puede la sociedad sobrevivir sin valores comunes?; ¿tiene algún significado la educación social?; ¿puede la sociedad influir en la conducta del hombre?; ¿cuál es el origen de nuestra virtudes?; ¿cuál es el origen de la crisis de nuestro tiempo?; ¿hay un verdadero camino democrático?...[205].

Esta anécdota refleja bien hasta qué punto Mannheim estaba convencido de que las democracias liberales necesitaban hablar más de valores. La misma preocupación ha vuelto al debate político contemporáneo de la mano de quienes ven irresponsable que hoy se asuma el relativismo ético como base de la democracia[206].

La discusión estuvo muy presente en los años 90 del siglo xx, con motivo del duelo intelectual entre liberales y comunitaristas. Y han vuelto a reabrirla ahora los partidarios del posliberalismo, de los que ya hablé en el capítulo anterior. En este capítulo, abordo este debate desde una pregunta concreta: ¿es el relativismo una condición de la democracia? Para responder, confronto la concepción de la democracia del jurista austriaco Hans Kelsen con la idea de la «democracia militante» de Mannheim.

Las posiciones de ambos autores reflejan bien dos modos de concebir la democracia en relación con los valores. Según una concepción procedimental, que coincide con la postura de Kelsen y la de pensadores liberales como John Rawls o Ronald Dworkin, el Estado en una sociedad democrática debe preocuparse únicamente por asegurar la libertad individual y la tolerancia, dejando de lado la discusión acerca de las distintas concepciones de la vida buena. En cambio, según una concepción sustantiva, que es la que

---

205 TIRADO ROZÚA, J. R. (1997), «¿Libertad y/o planificación? Releyendo a Karl Mannheim en su cincuentenario», *Contrastes: revista interdisciplinar de filosofía*, núm. 2, p. 331.
206 Véase ARÉCHAGA, I., «La regeneración ética de las democracias liberales», *Aceprensa*, 10 abril 1996.

defienden Mannheim y los comunitaristas modernos como Amitai Etzioni o Robert Bellah, un Estado democrático no debe tener miedo a tomar partido por unos valores éticos y una idea del bien. Las diferencias entre las dos concepciones proceden del modo de entender la relación entre la ética y la política. La concepción procedimental de la democracia insiste en contraponer lo privado y lo público, como si fueran dos ámbitos que nada tienen que ver.

En el fondo de esta disociación late la idea de que en el ámbito de lo público ha de imperar el pluralismo relativista, que excluye la afirmación de cualquier verdad, mientras que la vida privada sería el lugar reservado al ejercicio de lo que cada persona considera como verdadero y que no debe traspasarse o «imponerse» al terreno de lo público[207].

La concepción sustantiva de la democracia también distingue entre ética y política, pero admite que hay conexión entre ambas. Para quienes defienden esta concepción, «el sujeto moral tanto de lo público como de lo privado es el mismo, por lo que la necesaria distinción entre esos dos ámbitos no puede significar nunca su disociación»[208]. Por el mismo motivo, se oponen a una separación tajante de la política, el derecho y la moral.

La democracia procedimental va de la mano del relativismo, en la medida en que aboga por prescindir en el ámbito público de la referencia al bien y la verdad.

Según esta orientación [relativista] –escribía Joseph Ratzinger antes de ser elegido Papa–, en la política no existe ningún otro principio más que la decisión de la mayoría (...). El derecho debería entenderse de manera exclusivamente política; es decir, derecho sería lo establecido como tal por los organismos predeterminados. Consiguientemente, la democracia no se definiría en sentido sustancial, sino puramente formal: como

---

207 *Moral y sociedad democrática* (1996). Instrucción pastoral de la Asamblea Plenaria de la Conferencia Episcopal Española (CEE), Boletín Oficial de la CEE, año XIII, núm. 50, 19 abril, p. 96.
208 *Ibid.*

un conjunto de reglas que posibilita la formación de mayorías, la representación de los poderes y la alternancia de los gobiernos. Consistiría esencialmente, pues, en los mecanismos de las elecciones y del voto[209].

A esta concepción de la democracia se opone la de quienes están convencidos de que

la verdad no es un «producto» de la política (esto es, de la mayoría), sino que la precede y, por tanto, la ilumina (...). De ahí que la política sea justa y favorezca efectivamente la libertad cuando se pone al servicio de un conjunto de valores y derechos que la razón nos atestigua. Contra el escepticismo explícito de las teorías relativistas y positivistas, encontramos aquí una confianza fundamental en la razón, en su capacidad de captar y mostrar la verdad[210].

Que una democracia se pregunte por la verdad y el bien en el ámbito público, no significa que el Estado deba asumir como cometido el de procurar la felicidad de los ciudadanos[211]. Ahora bien, la historia muestra que en la práctica esa confusión ha sido habitual.

Así, la distinción entre democracia procedimental y democracia sustantiva se corresponde, en buena medida, con la que establece Enrique Martín López entre sociedades individualistas o libres de valores y sociedades confesionales o dogmáticas. «En esos nombres no ha de verse ningún sesgo negativo –ni positivo–, ya que tan solo se pretende con ellos calificar la modalidad de su vinculación a un sistema de valores»[212].

Lo que diferencia a unas de otras es la respuesta a la pregunta formulada por William Godwin a finales del siglo XVIII: «¿Cómo hay que

---

209 RATZINGER, J. / BENEDICTO XVI (2010), *El elogio de la conciencia*, Madrid, Palabra, p. 57.

210 *Ibid.*, p. 58. Para profundizar en este debate, Ratzinger remite a POSSENTI, V. (1991), *Le società liberali al bivio. Lineamenti di filosofia della società*, Milán, Marietti, p. 289 y ss.

211 A este respecto, Ratzinger es muy claro y pone en guardia frente a los integrismos de cualquier signo: «No es tarea del Estado procurar la felicidad de los hombres, por lo cual tampoco lo es crear "hombres nuevos". Tampoco le corresponde transformar el mundo en un paraíso y ni siquiera puede conseguirlo; sin embargo, cuando lo intenta, acaba por erigirse en "absoluto" y, por eso, decide arbitrariamente sus límites». *Ibid.*, 61.

212 MARTÍN LÓPEZ, E. (1986), *Fundamentos sociales de la felicidad individual*, Biblioteca Breve de Temas Actuales, Perú, Universidad de Piura, p. 116.

organizar la sociedad para que los hombres sean felices?». Mientras las sociedades individualistas consideran la libertad individual como el criterio fundamental de la vida social, las confesionales se basan en la convicción de que el equilibrio social y la felicidad individual son fruto de la realización de un sistema de valores objetivos[213].

Las sociedades individualistas niegan la posibilidad de que «cualquier concepción del bien y de la verdad pueda pretender legítimamente convertirse en una concepción común a todos los miembros de una sociedad. (...) En el orden de los principios, no es que se niegue la existencia del bien y de la verdad, sino que se niega su validez universal y se establece el juicio personal como criterio determinante de lo bueno y de lo verdadero»[214].

La consecuencia lógica de este planteamiento es que la búsqueda de la felicidad pasa a entenderse como un asunto privado, sobre el que las instituciones sociales nada tienen que decir. Lo único que cabe esperar de ellas es que garanticen las condiciones para que cada cual escoja según sus propias preferencias morales[215].

Las sociedades confesionales, que son las que con mayor frecuencia se han dado en la historia, defienden «la validez objetiva de un determinado sistema de valores. Son sociedades que se orientan hacia la consecución y el goce "de la verdad y del bien", tal como ellas los conciben y que, en consecuencia, se basan sobre una concepción moral –ya sea racional o meramente empírica–, que se afirma como superior y que configura la estructura de la sociedad, la vida de las instituciones y la personalidad de los individuos»[216].

En contraposición a las sociedades individualistas, por tanto, las confesionales sí toman partido y tienden a plasmar sus ideas de lo bueno y lo verdadero «en *un orden objetivo*, a través de pautas de comportamiento y de instituciones coherentes. Perfilan y estable-

---

213 Véase *ibid.*, 114.
214 *Ibid.*, p. 124.
215 Véase *ibid.*
216 *Ibid.*, p. 116.

cen modos de la vida individual eminentemente sociales, ya que dan por sentado que el bien y la verdad están por encima de cada cual». En la práctica, este modo de entender la vida social conduce «a la reducción, e incluso a la superación, de las antinomias individuales, coartando las manifestaciones individuales o colectivas que, por apartarse de la norma sean injustas o conflictivas»[217].

2. ¿UN ESTADO ÉTICAMENTE NEUTRO? LIBERALES *VS.* COMUNITARISTAS

Un rasgo típico de la concepción procedimental de la democracia es la convicción de que el Estado debe permanecer neutral ante las distintas concepciones del bien y limitarse a garantizar, como un árbitro imparcial, que todos los ciudadanos tengan la misma libertad para proponer y elegir la idea del bien que les resulte más atractiva.

Los partidarios de esta concepción de la democracia no defienden un sistema político que sea neutral en todos los aspectos. Como explican Stephan Mulhall y Adam Swift, la neutralidad requerida «no es neutralidad respecto a los derechos y a la justicia, sino respecto a cuestiones relativas al bien, es decir, respecto a los juicios sobre los que hace buena o valiosa una vida. De hecho, se exige al Estado que sea neutral respecto a tales juicios con vistas a garantizar un trato justo y acorde con sus derechos para todos los ciudadanos»[218].

Un exponente paradigmático de esta postura es el pensador liberal John Rawls (1921-2002). Su tesis, expuesta en *Una teoría de la justicia* (1971) y reformulada en *El liberalismo político* (1993), es que no es misión del Estado promover el bien, sino garantizar la

217 *Ibid.*, pp. 116-117.
218 MULHALL, S. y SWIFT, A. (1996), *El individuo frente a la comunidad. El debate entre liberales y comunitaristas*, Madrid, Temas de Hoy, p. 62. Un buen resumen del libro en: GARCÍA DE MADARIAGA, M., «El debate entre liberales y comunitaristas. ¿Debe ser el Estado éticamente neutro?», *Aceprensa*, 17 abril 1996.

justicia como imparcialidad; esto es, que todas las personas sean «libres e iguales» para elegir su modo de vida. A la vez, exige a todos los ciudadanos que se abstengan de hacer valer su idea del bien en el ámbito público y que se contenten con realizarla en su vida privada, gracias a la paz que les asegura el Estado liberal.

Para el también pensador liberal Ronald Dworkin (1931-2013), una consecuencia práctica de la exigencia de neutralidad ética es que el Estado «no debe prohibir o recompensar actividad privada alguna basándose en que un conjunto sustantivo de valores éticos o un conjunto de opiniones sobre cuál es la mejor forma de vida son superiores o inferiores a otros»[219].

La lógica de Dworkin es la misma que usan quienes sostienen que un Estado liberal no debe privilegiar (vía subvenciones o deducciones fiscales, por ejemplo) a la familia de base conyugal alegando que la institución matrimonial es más estable y, por eso, preferible desde el punto social a otras formas de convivencia. La paradoja es que los mismos que esgrimen este argumento luego reclaman al Estado que tome partido por el relativismo familiar y que enseñe en las escuelas públicas que todas los modelos familiares son igualmente valiosos, cuando no que promueva de forma activa alguno de los nuevos modelos[220].

Ni Rawls ni Dworkin niegan el valor de las convicciones de los ciudadanos sobre la vida buena, pero sí les exigen que las mantengan fuera de la esfera pública. Cada cual puede estar convencido de que su estilo de vida es el más ético y el mejor, pero no puede aspirar a que los demás piensen como él. Ni a que el derecho o el sistema de valores vigente en la sociedad refleje sus preferencias privadas. En sociedades caracterizadas por el pluralismo de visiones del mundo, solo podemos pretender ponernos de

---

219 DWORKIN, R. (1993), *Ética privada e igualitarismo político*, traducción de Antoni Domènech, Barcelona, Paidós, p. 94.

220 Abordo esta polémica en mis artículos: «La familia, en la espiral del silencio», *Aceprensa*, 8 noviembre 2017; y «La diversidad familiar: un mantra no tan inclusivo», *Aceprensa*, 21 octubre 2021.

acuerdo sobre una serie de valores políticos, al margen de cuáles sean nuestras ideas religiosas, éticas y filosóficas (Rawls) o sobre algunas aserciones éticas mínimas (Dworkin).

Este planteamiento suena ciertamente conciliador. Pero, como advierte María Elósegui Itxaso a propósito de Rawls, «suprime la posibilidad de una ética racional, que nos llevaría a acuerdos políticos basados en la razón, y no solo en un compromiso político»[221].

De esta forma, descarta de partida que personas con distintas concepciones del bien puedan llegar a entenderse y descubrir, tras un diálogo basado en razones, cómo de ciertas son sus posiciones. También en la esfera pública es posible identificar decisiones que son preferibles a otras desde el punto de vista ético, pero Rawls prefiere evitar este debate en nombre de la tolerancia. «Nadie negará –replica Elósegui– que en política hay muchas cuestiones opinables. Pero también hay muchas verdades parciales, que la razón puede descubrir».

En el fondo, bajo la cautela de Rawls, aparentemente tan tolerante, late la sospecha de que las convicciones religiosas, éticas y filosóficas conducen fácilmente al fundamentalismo. De ahí que exija dejarlas fuera de la esfera pública. Es el viejo prejuicio –lo veremos enseguida al hablar de Kelsen– de que el relativismo nos dispone mejor para la vida democrática y la tolerancia.

Frente a esta manera de pensar, Elósegui recuerda que «el precio de la tolerancia no tiene por qué ser la marginación de la ética de la vida política. Los movimientos políticos más sectarios se han caracterizado por prescindir de todo principio ético, y, en cambio, es perfectamente concebible una idea filosófica de la verdad y del bien que exija la tolerancia».

A esta concepción de la democracia se oponen los comunitaristas, para quienes «la sociedad democrática no puede fundarse solo en un simple consenso político, limitado a cuestiones de procedimiento: hace falta un acuerdo sobre los valores básicos, que de hecho

---

221 ELÓSEGUI, M., «La separación entre la política y la ética. El liberalismo político de John Rawls», *Aceprensa*, 29 octubre 1997.

existe y es mayor de lo que parece», explica Rafael Serrano glosando la postura del sociólogo estadounidense Robert Bellah (1927-2013), uno de los comunitaristas modernos más representativos[222].

Los comunitaristas «alegan que la democracia no nació del vacío moral. Al contrario, surgió merced a unos presupuestos y valores determinados: la igual dignidad de todos los hombres, el derecho natural como límite del poder, la libertad innata de la persona...»[223].

Un buen exponente de esta postura es el sociólogo Amitai Etzioni (1929-2023), fundador de la Communitarian Network y quizá el comunitarista más representativo. En su obra *La nueva regla de oro* (1996), se pregunta qué es lo que constituye una buena sociedad. ¿La que huye de las concepciones colectivas de virtud y fomenta, en cambio, el individualismo y el pluralismo como las fuentes principales de la libertad? ¿O la que fomenta la virtud y establece, de acuerdo con ciertos modelos asiáticos, ciertos límites a la autonomía? Etzioni enlaza esta cuestión a la pregunta por el tipo de orden que conviene a una sociedad:

¿Sobre qué bases se apoyará ese orden? ¿Son necesarias nuevas leyes y regulaciones, penas más duras y una ampliación más rigurosa de la ley para una sociedad que busque restablecer el orden? ¿O puede reconstruirse primordialmente apoyándose en un compromiso renovado con valores morales y en la reafirmación que la gente haga de los valores que comparte y encarna en su vida? ¿Bastan las virtudes de procedimiento, como la tolerancia recíproca, el compromiso con el proceso democrático y la voluntad de civilidad y de compromiso? ¿O es que una buena sociedad necesita que se comparta un conjunto de compromisos morales concretos y asertivos?[224].

---

222 SERRANO, R., «Comunitarismo: un pensamiento político posmoderno. Más allá del Estado y del mercado», *Aceprensa*, 22 marzo 1995.

223 *Ibid.*

224 ETZIONI, A. (1999), *La nueva regla de oro. Comunidad y moralidad en una sociedad democrática*, traducción de Marco Aurelio Galmarini, Madrid-Buenos Aires, Paidós, pp. 15-16.

Frente a quienes defienden que el ámbito público ha de estar estructurado por normas de tipo meramente procedimental, Etzioni piensa que es necesario promover entre los ciudadanos un acuerdo en torno a un núcleo de valores compartidos, incluidos algunos de índole moral. Lo que pasa por alejarse del individualismo imperante en las democracias liberales y por recuperar el aprecio por las comunidades. «Los valores, antes que inventarse o negociarse, se transmiten de generación en generación. Esta es la implicación profunda de la afirmación de que una comunidad tiene una identidad, una historia, una cultura»[225].

También Robert Bellah insiste en la importancia de la tradición y las comunidades como fuentes de valores sociales. En su obra más representativa, *Hábitos del corazón* (1985), coescrita con su equipo de sociólogos, aboga por superar los efectos desintegradores que la cultura individualista típica del liberalismo ha tenido en Estados Unidos con un llamamiento a tomarse más en serio el bien común. Para ello, propone priorizar dos de las cuatro grandes tradiciones que alimentan el lenguaje moral de los estadounidenses: frente a la individualista utilitarista y la individualista expresiva, pide recuperar la bíblica y la republicana.

La tradición bíblica vendría representada por el inglés John Winthrop, primer gobernador de la colonia de Massachussets en la Nueva Inglaterra del siglo XVII, partidario de colocar la piedad y la virtud en el centro de la comunidad política. Por su parte, la tradición republicana, encarnada en Thomas Jefferson, «presupone que la motivación de los ciudadanos de una república es tanto la virtud cívica como el interés propio. Interpreta la participación pública como una forma de educación moral, y considera sus objetivos el logro de la justicia y del bien público»[226].

Las otras dos tradiciones individualistas también presuponen unos valores morales. Por eso, cabe añadir, no tiene sentido se-

---

225 *Ibid.*, p. 121.
226 BELLAH, R. *et al.* (1989), *Hábitos del corazón*, traducción de Guillermo Gutiérrez, Madrid, Alianza Editorial, p. 396.

guir fingiendo que el liberalismo es neutral y que solo se ocupa de cuestiones procedimentales. Más bien, sostiene Bellah, las democracias deben perder el miedo a «intentar alcanzar un consenso más sustancial». Tal empeño no tiene por qué traer más polarización ni intolerancia, como creen los liberales. De hecho, Bellah está convencido de que podríamos llevarnos una grata sorpresa:

> Si tuviéramos el valor de afrontar nuestras profundas dificultades políticas y económicas, posiblemente viéramos que hay un mayor entendimiento del que habíamos imaginado. Ciertamente, el único modo de saberlo es elevar el nivel del discurso político público de modo que los problemas fundamentales sean abordados en lugar de camuflados[227].

3. HANS KELSEN: RELATIVISMO Y DEMOCRACIA VAN DE LA MANO

Las ideas de Hans Kelsen (1881-1973), uno de los filósofos del Derecho más importantes del siglo xx, han tenido una influencia decisiva en la manera en que se concibe hoy la relación entre democracia y valores. Al igual que Mannheim, Kelsen fue testigo de dos guerras mundiales; era de origen judío y tuvo que huir de la Alemania nazi. Sin embargo, sus posiciones llevan a puntos muy distintos: mientras que el sociólogo húngaro estaba convencido de que la democracia exige el compromiso con un sistema de valores, el jurista austriaco sostiene que en la base de todo sistema democrático se encuentra el relativismo.

Para Kelsen, el relativismo es el único marco que permite respetar las distintas posturas axiológicas que compiten en la sociedad. Al excluir las pretensiones de verdad del ámbito público, evitamos que alguien pueda imponer al resto su concepción de lo justo y lo bueno. Cada cual puede pensar lo que quiera en la

---

227 *Ibid.*, p. 363.

intimidad de su hogar, pero no puede exigir que el derecho o la moral pública se ordenen según su visión del mundo. Si todos renunciamos a querer tener razón en las discusiones acerca del bien y confiamos la resolución de esas discusiones a la regla de la mayoría, viviremos en paz. Por eso, piensa, el relativismo es condición y garantía de la democracia. Por el contrario, allí donde alguien pretenda hacer valer sus doctrinas metafísicas o religiosas, surge una amenaza para la convivencia democrática.

En su libro *Esencia y valor de la democracia* (1929), Kelsen pretende mostrar que el relativismo y la democracia van de la mano recurriendo a un argumento historicista. Según él, quienes han defendido a lo largo de la historia la existencia de verdades y valores absolutos se han inclinado preferentemente por la defensa de sistemas autocráticos; en cambio, quienes han entendido que la verdad y los valores son relativos han defendido la democracia. Cada una de estas actitudes filosóficas, pues, se corresponde con una forma de gobierno:

A la concepción metafísico absolutista del mundo se ordena la actitud autocrática, así como la democracia corresponde a la concepción científica del universo, el relativismo crítico[228].

Así, en la Antigüedad, vemos a Platón, partidario de la metafísica religiosa, convertido en «el mayor enemigo de la democracia y un admirador y aun propagador de la dictadura»[229]. En el otro extremo está Protágoras, fundador de la sofística, para el que el hombre es la medida de todas las cosas, y consecuentemente ensalzó la democracia. En la Edad Media, la metafísica de Santo Tomás de Aquino va unida a la convicción de que la mejor forma política es la monarquía. En cambio, Nicolás de Cusa, que proclamó la incognoscibilidad de lo absoluto, se decantó a favor de la democracia. De la misma forma, en la Edad Moderna, el panteísmo radicalmente antimetafísico de Spinoza aparece ligado a

---

228 KELSEN, H. (1977), *Esencia y valor de la democracia*, traducción de Rafael Luengo Tapia y Luis Legaz y Lacambra, 2ª ed., Ediciones Guadarrama, p. 154.
229 *Ibid.*

un marcado afecto por el principio democrático, mientras que el gran pensador metafísico Leibniz defendió la monarquía.

Para Kelsen, estos ejemplos no son casuales, sino que responden a una incompatibilidad de fondo:

> Si se cree en la existencia de lo absoluto –de lo absolutamente bueno, en primer término–, ¿puede haber nada más absurdo que provocar una votación para que decida la mayoría sobre ese absoluto en que se cree?[230].

En cambio, si se declara que la verdad y los valores son inaccesibles al conocimiento y, por tanto, relativos y subjetivos, se está en mejores condiciones de respetar cada una de las posturas que pugnan en la sociedad.

Por eso, Kelsen concluye que «la concepción filosófica que presupone la democracia es el relativismo»[231]. Y añade:

> La democracia concede igual estima a la voluntad política de cada uno, porque todas las opiniones y doctrinas políticas son iguales para ella, por lo cual les concede idéntica posibilidad de manifestarse y de conquistar las inteligencias y voluntades humanas en régimen de libre concurrencia (...). La relatividad del valor de cualquier fe política, la imposibilidad de que ningún programa o ideal político pretenda validez absoluta (pese a la desinteresada dedicación subjetiva y la firme convicción personal de quien lo profesa), inducen imperiosamente a renunciar al absolutismo en política[232].

Kelsen cierra su obra *Esencia y valor de la democracia* glosando el pasaje evangélico de Jesús ante Pilato. A su juicio, este pasaje sintetiza perfectamente la relación entre el relativismo y la democracia. En ese texto del Evangelio de San Juan, el gobernador Pilato pregunta a Jesús: «¿Qué es la verdad?» (Jn 18, 38). Y antes de que llegue la respuesta, se vuelve a la multitud y somete a votación el caso para que decida la mayoría[233].

---

230 *Ibid.*, p. 156.
231 *Ibid.*
232 *Ibid.*, p. 157.
233 Véase *ibid.*, pp. 158-159.

Para Kelsen, dice Joseph Ratzinger en una glosa a este comentario, «Pilato habría actuado aquí como un perfecto demócrata. Puesto que no sabe qué es lo justo, deja que sea la mayoría la que decida al respecto»[234].

Y añade Ratzinger:

> Pilato se convierte en una figura emblemática de la democracia relativista y escéptica, que no se funda ni en valores ni en la verdad, sino en procedimientos. Que en el caso de Jesús se condene injustamente a un hombre justo e inocente, a Kelsen no le parece un supuesto que merezca impugnación. No existe ninguna otra verdad más que la de la mayoría[235].

La concepción relativista de la democracia de Kelsen vuelve a hacerse patente en su obra *¿Qué es Justicia?* (1953). El jurista austriaco parte de la premisa de que los valores son relativos y que no es posible dirimir los conflictos que se suscitan entre ellos ni fijar su jerarquía «mediante el conocimiento racional». Todo lo más que podemos tener son preferencias que son fruto de «un juicio de valor determinado por factores emocionales y, por tanto, subjetivo de por sí, válido únicamente para el sujeto que juzga y, en consecuencia, relativo»[236].

El relativismo axiológico de Kelsen no niega la existencia de valores, pero sí que tengan un carácter incondicionado. Como «los valores absolutos sobrepasan el alcance de la razón humana»[237], muchos se vuelven a la religión y la metafísica para encontrarles una justificación. Pero en una democracia nadie puede esperar que el orden jurídico se corresponda con un sistema de valores derivado de un supuesto derecho natural o una moral absoluta, tesis que ya había defendido en su *Teoría pura del derecho* (1934). Tal y como la concibe Kelsen, esta teoría acerca del derecho positivo «intenta dar respuesta a la pregunta de qué

---

234 RATZINGER, J., *op. cit.*, p. 59.
235 *Ibid.*
236 KELSEN, H. (1991), *¿Qué es Justicia?*, traducción de Albert Calsamiglia, Barcelona, Ariel, p. 39.
237 *Ibid.*, p. 45.

sea el derecho, y cómo sea; pero no, en cambio, a la pregunta de cómo el derecho deba ser o deba ser hecho»[238].

No existe, por tanto, una única fórmula de justicia absoluta, inmutable y universal, sino muchas que compiten entre sí. «Verdaderamente, no sé si puedo afirmar qué es la Justicia, la Justicia absoluta que la humanidad ansía alcanzar. Solo puedo estar de acuerdo en que existe una Justicia relativa y puedo afirmar qué es la Justicia para mí (...). Mi Justicia, en definitiva, es la de la libertad, la de la paz; la Justicia de la democracia, la de la tolerancia»[239].

La conclusión de Kelsen en esta obra es la misma que sacó en *Esencia y valor de la democracia*: el relativismo es la condición que permite el respeto a cada una de las posturas axiológicas en conflicto, mientras que la creencia en una verdad y unos valores absolutos sabotean la posibilidad de la vida democrática. «No es posible encontrar la tolerancia, los derechos de las minorías, la libertad de pensamiento y de expresión que tanto caracterizan a la democracia, dentro de un sistema político que se basa en la creencia en valores absolutos»[240].

4. LA POSTURA DE MANNHEIM: LA «DEMOCRACIA MILITANTE»

El planteamiento de Kelsen ha hecho fortuna y ha cristalizado en la actualidad en forma de tópico: hoy se tiende a pensar que el relativismo nos hace abiertos de mente y tolerantes, mientras que tomarse en serio la posibilidad de que existan verdades y valores objetivos nos convierte automáticamente en unos intransigentes que amenazan la paz social. Ejemplo de este planteamiento es la afirmación del sociólogo francés Gilles Lipovetsky

238 KELSEN, H. (1983), *Teoría pura del derecho*, traducción de Roberto J. Vernengo, México D. F., Universidad Nacional Autónoma de México, p. 15.
239 KELSEN, H., *¿Qué es Justicia?*, p. 63.
240 *Ibid.*, p. 123.

de que «la ligereza ha reforzado la democracia», al librarnos del dogmatismo de los totalitarismos del siglo xx[241].

En las antípodas de este planteamiento está el de Mannheim, para quien la democracia es inseparable de la referencia a un sistema de valores objetivos. Es más: el sociólogo húngaro está convencido –como vimos en el capítulo 2– de que lo que allanó el camino a los sistemas totalitarios en Europa fue la inhibición relativista de un liberalismo que no se atreve a tomar partido. Y defiende que el mejor antídoto contra los enemigos de la democracia no es la falta de convicciones firmes –la ligereza–, sino el compromiso con unos valores innegociables.

Cuando Mannheim escribe *Diagnóstico de nuestro tiempo*, en plena Segunda Guerra Mundial, late en él una preocupación de fondo: ¿cómo articular la convivencia pacífica en una sociedad donde coexisten personas y grupos con distintas visiones del mundo? Es una cuestión que sigue plenamente vigente en las democracias modernas, donde a las fuertes divisiones ideológicas hay que añadir el peso creciente del fenómeno multicultural. De ahí la actualidad de Mannheim, como señaló con fina puntería Emilio Lamo de Espinosa:

> El problema esencial de nuestra época (y de nuestro pensamiento) deriva de una gigantesca globalización mundial del mismo problema que atenazaba a Mannheim: el choque de concepciones del mundo, el pluralismo cultural, el etnocentrismo (o eurocentrismo) y su contraste, el relativismo, la deconstrucción de la razón en «discursos» y «narrativas», la pérdida de referencia en la objetividad[242].

---

241 He analizado de forma crítica el tópico del relativismo como garantía de la apertura en: MESEGUER, J. (2016), *Pensamiento crítico: una actitud*, Logroño, UNIR. Ver también mis artículos «La obstinación del pensamiento *light*», *Aceprensa*, 25 octubre 2016; y «Malentendidos sobre la equidistancia y los *moderaditos*», *Aceprensa*, 13 julio 2021.

242 LAMO DE ESPINOSA, E. (1993), «Introducción. En el centenario de Karl Mannheim (1893-1947)», en Emilio Lamo de Espinosa (ed.), *Revista Española de Investigaciones Sociológicas*, núm. 62, abril-junio, pp. 7-13.

En ese contexto relativista, ¿cómo puede un Estado democrático hacer valer sus principios frente a las ideologías totalitarias, que nada tienen de relativistas? La respuesta de Mannheim, condensada en el epígrafe «El tercer camino: una democracia militante», es que las democracias liberales necesitan «una nueva actitud frente a los valores» que se desmarque tanto del despotismo totalitario como del *laissez faire* relativista[243].

Concretamente, aboga por encontrar un prudente equilibrio entre la exigencia de conformidad a un marco de valores compartidos y el respeto a la libertad en todas aquellas decisiones que no afecten a ese mínimo común:

> En contraste con la regimentación brutal y completa de las dictaduras, que solo toleran una forma de pensamiento, mas en contraste también con la abstención pasiva del liberalismo en su incapacidad de tomar partido, esta democracia militante habrá de tener el valor de salir al campo en la defensa de ciertos valores básicos comunes a todos; y, sin embargo, sabrá dejar por otra parte a la elección y decisión individuales los valores más complejos susceptibles de diversidad[244].

Mannheim es consciente de que pedir al Estado que se implique de forma más activa en la defensa de un sistema de valores a como lo hace el liberalismo es una cuestión sumamente delicada. Pero, tal y como él lo ve, no hay alternativa. Primero, porque «el proceso democrático no es un simple procedimiento formal», en palabras de Juan Ramón Tirado Rozúa que resumen bien el sentir de Mannheim[245]. Y segundo, porque la experiencia de los totalitarismos del siglo xx muestra a las claras que o se llena el espacio público con unos valores mínimos comunes a todos o queda a merced de quienes no tienen ningún problema en imponer a todos sus antivalores:

---

243 MANNHEIM, K., *Diagnóstico de nuestro tiempo*, p. 17.
244 *Ibid.*, p. 72.
245 TIRADO ROZÚA, J. R., *op. cit.*, p. 332.

No es posible admitir la evasión cuando se trata de tomar posiciones claras en materia de valor, ni tampoco debe admitirse la afirmación de que en una democracia no es hacedero un acuerdo en el terreno de los valores[246].

Esto es lo que, a juicio de Mannheim, no supo ver el liberalismo de corte relativista ni quienes siguen defendiendo que el deber del Estado respecto de los valores y las concepciones del bien es permanecer neutral:

El liberalismo del *laissez faire* confundió la neutralidad con la tolerancia. Ahora bien, ni la tolerancia democrática, ni la objetividad científica significan que debamos abstenernos de tomar posiciones firmes frente a lo que creemos verdadero, o que debamos evitar la discusión de los fines y los valores últimos de la vida. El sentido de la tolerancia consiste en que todo el mundo pueda tener la probabilidad de defender su caso, pero no en que nadie deba creer ardientemente en su propia causa[247].

Para que la tolerancia no se confunda con la neutralidad respecto de lo justo y lo injusto, como ocurrió en la República de Weimar, las sociedades democráticas deben «instruir a sus ciudadanos acerca de sus propios valores en lugar de esperar débilmente hasta que el sistema sea destruido», dice Mannheim en otra obra[248]. Una democracia militante no tolera a quienes se alzan contra ella ni mantiene una posición equidistante frente a quienes vulneran la dignidad humana o las reglas del juego democrático: «Tolerancia no quiere decir tolerar al intolerante»[249].

De esta forma, el sociólogo húngaro rechaza la idea de que la tolerancia solo es posible cuando va unida al relativismo. Más bien, lo contrario: lo que pone en riesgo la convivencia democrática es «el fanatismo que abandona la celosa búsqueda de la

---

246 MANNHEIM, K., *Diagnóstico de nuestro tiempo*, p. 42.
247 *Ibid.*, p. 16.
248 MANNHEIM, K., *Libertad y planificación social*, p. 359.
249 *Ibid.*

verdad y priva a los otros hombres de la oportunidad de aportar contribuciones creadoras»[250].

La democracia no puede ser relativista y neutral. Por el contrario, «tiene que abandonar su actitud defensiva y adoptar una posición constructiva y militante»[251] a favor de un núcleo de valores mínimos. Al mismo tiempo, debe «dejar abiertos los valores más complicados a las diferencias de credo, de elección individual y de experimentación libre»[252].

¿Qué implicaciones tiene en la práctica la doctrina de Mannheim sobre la «democracia militante»? Él mismo no da muchos detalles, de modo que es difícil hacerse una idea de cómo concretarla.

Una posible (y muy controvertida) respuesta es la que articula el filósofo alemán Karl Loewenstein, a quien se atribuye el haber acuñado la expresión «democracia militante». En un artículo publicado poco antes de la Segunda Guerra Mundial, Loewenstein argumenta que «la democracia debe convertirse en militante» frente al fascismo. Lo que, en su opinión, permite a un Estado democrático en tiempos de guerra suspender de forma temporal la legalidad y restringir derechos y libertades fundamentales para frenar a un movimiento totalitario.

> El fascismo ha declarado la guerra a la democracia. (...) Si la democracia cree en la superioridad de sus valores absolutos frente a los clichés oportunistas del fascismo, debe estar a la altura de las exigencias del momento y debe hacer todo lo posible por rescatarla, incluso a riesgo y costa de violar principios fundamentales[253].

No está claro que este sea el sentido al que se refiere Mannheim cuando habla de la necesidad de adoptar una «democracia militante». Me inclino a pensar que su propuesta tiene más parecido

---

250 MANNHEIM, K., *Libertad, poder y planificación democrática*, p. 248.

251 *Ibid.*, p. 138.

252 MANNHEIM, K., *Diagnóstico de nuestro tiempo*, pp. 17 y 150.

253 LOEWENSTEIN, K. (1937), «Militant Democracy and Fundamental Rights I», *The American Political Science Review*, vol. 31, núm. 3, junio, pp. 417-432.

con la que recoge el manifiesto *Diversidad en la unidad* (DEU), promovido por The Communitarian Network para organizar la convivencia en una sociedad multicultural[254].

Al igual que Mannheim, los comunitaristas creen que en toda sociedad hay un mínimo común de valores e instituciones al cual han de adherirse todos los ciudadanos, mientras que el resto debe quedar a la libre elección siempre que no interfieran con el marco compartido. En la práctica, el principio de la diversidad en la unidad permite distinguir entre «aquellas leyes que todos debemos respetar y aquellas que han de aparecer provistas de excepciones y variantes a la vista de los grupos minoritarios»[255].

En una democracia liberal, lo exigible a todos sería el respeto a los derechos humanos, las instituciones democráticas, la libertad, la tolerancia o el Estado de derecho, pero no determinadas prácticas o costumbres. Como ejemplos de variantes y excepciones a la ley, el manifiesto propone aquellas que tratan sobre los días de cierre comercial, las relativas a los derechos de los animales o la preparación de alimentos, algunas excepciones relativas a la seguridad social, etc.

Cabe añadir al manifiesto que la misma doctrina del marco de valores compartidos fija los límites de lo tolerable en una sociedad democrática. Prácticas como los matrimonios forzados, la poligamia o la mutilación genital femenina chocan de frente con el marco compartido y exigen por parte del Estado una actitud militante en defensa de la dignidad humana.

---

254 Un buen resumen en «Un manifiesto a favor de la diversidad en la unidad», *Aceprensa*, 17 julio 2002.
255 Véase *ibid.*

MANNHEIM Y LA TERCERA VÍA

La historia
puede ser servidumbre y puede ser libertad.
Mira cómo los rostros y lugares se esfuman
con el yo que a su modo los amaba,
para renovarse, para adoptar otra forma.

T. S. Eliot

1. LA GÉNESIS DE UNA IDEA

La propuesta de una tercera vía entre el socialismo y el neoliberalismo –o liberalismo a secas– asociado a los gobiernos de Margaret Thatcher (primera ministra del Reino Unido entre 1979 y 1990) y Ronald Reagan (presidente de Estados Unidos entre 1981 y 1989) gozó de gran predicamento a finales de los años noventa del siglo xx. Muchos identifican al sociólogo británico Anthony Giddens, exdirector de la London School of Economics e ideólogo del Nuevo Laborismo de Tony Blair, como el gran teórico de la tercera vía[256]. Sin embargo, no tienen en cuenta la propuesta que hizo Mannheim muchos años antes.

---

256 Según Roger Campione, fue Giddens quien acuñó el término «tercera vía» para mediar en la controversia socialismo/liberalismo. Véase CAMPIONE, R. (2002), «Modernidad, globalización y tercera vía. O del síndrome de Anthony Giddens», *Derechos y libertades: revista del Instituto Bartolomé de las Casas*, año 7, núm. 11, pp. 127-153. Otros autores que mencionan a Giddens como el iniciador de la tercera vía son: LEIGH, A.

Tal y como explica Gunter W. Remmling, el concepto de tercera vía no se origina en el pensamiento de Mannheim; esta noción había fascinado a algunos intelectuales conservadores al menos desde la época de Saint-Simon y Comte[257]. Lo que hace Mannheim es recoger la propuesta comtiana de unir las fuerzas del progreso y las del orden. Así, la concepción mannheimiana de la tercera vía –de inspiración socialdemócrata– trata de encontrar un punto intermedio entre autonomía y orden social. Su objetivo es lograr «una combinación de resortes sociales que determine en qué medida las libertades individuales deben quedar sin restricciones a fin de conservar a la vez la libertad del individuo y la eficiencia de la comunidad»[258].

Mannheim ve con preocupación el derrumbamiento de los sistemas democráticos: a finales de los años treinta del siglo xx, solo un tercio de los países europeos no estaban sometidos a un régimen dictatorial[259]. Ante esta hecatombe democrática, piensa que la única solución consiste en «planificar para la libertad», una idea que va perfilando a lo largo de su etapa inglesa.

La primera vez que alude a ella es en una colección de ensayos, recopilados bajo el título *Mensch und Gesellschaft im Zeitalter des Umbaus* (1935; versión española: *El hombre y la sociedad en la época de crisis*, 1936). Estos escritos fueron adaptados expresamente para el público anglosajón en *Man and Society in an Age of Reconstruction* (1940; versión española: *Libertad y planificación social*, 1942). Aunque Mannheim no emplea todavía la

---

(2003), «The Rise and Fall of the Third Way», *AQ: Journal of Contemporary Analysis*, vol. 75, núm. 2, marzo-abril, pp. 10-15; GUERRA, P. y BARG, G. (2001), «La tercera vía y el debate entre liberales y socioeconomistas», en José Pérez Adán (ed.), *Las Terceras Vías*, Madrid, Ediciones Internacionales Universitarias, pp. 17-48.

257 Véase REMMLING, G. W., *op. cit.*, p. 188.

258 MANNHEIM, K., *Libertad y planificación social*, p. 15.

259 Los diez países que lograron sobrevivir al triunfo de las dictaduras fueron: Noruega, Finlandia, Suecia, Dinamarca, Checoslovaquia, Suiza, Francia, Gran Bretaña, Bélgica y Holanda. Véase DÍAZ HERNÁNDEZ, O. (2008), *Historia de Europa en el siglo xx*, Pamplona, EUNSA, p. 124.

expresión «tercera vía», lo que está proponiendo –de hecho– es un camino intermedio entre el *laissez faire* sin plan y la planificación totalitaria.

En esta obra, Mannheim vincula su propuesta de «planificar para la libertad» a la pérdida de «racionalidad sustancial». Su hipótesis es que, a finales de los años veinte y principios de los treinta, los ciudadanos corrientes en la sociedad de masas habían renunciado a su propia interpretación de los hechos y se habían acostumbrado a ser dirigidos por otros. Este fenómeno del «llamamiento al caudillo», combinado con la falta de resistencia para oponer valores y normas por parte de las élites, es lo que explicaría el triunfo del nazismo.

En este momento de su obra, «planificar» significa en primer lugar asumir la dirección racional e inteligente de las relaciones sociales en una época de masas.

Planificación no quiere decir el gobierno mediante fuerzas arbitrarias sobre el cuerpo vivo de la sociedad ni el intento de suplantar la actividad creadora. La planificación significa atacar conscientemente los orígenes del ajuste defectuoso en el orden social basándose en un conocimiento completo del mecanismo entero de la sociedad y de la manera como funciona[260].

Además, en esta colección de ensayos, Mannheim anticipa que la planificación tiene que ver también con «el problema de la transformación del hombre», título de uno de los capítulos del libro.

En el punto al que han llegado los acontecimientos –dice–, necesitamos una nueva clase de previsión, una nueva técnica para resolver los conflictos, a la vez que una psicología, una moral y un plan de acción en muchos sentidos diferentes de aquellos de que hemos dispuesto en el pasado. Solo rehaciendo al hombre mismo será posible la reconstrucción de la sociedad[261].

---

260 *Ibid.*, p. 119.
261 *Ibid.*, p. 21.

Esta preocupación de Mannheim por rehacer el pensamiento y la conducta del hombre aparece con más claridad en su obra *Diagnóstico de nuestro tiempo* (1943), donde ya utiliza la expresión «tercera vía», quizá por influencia del economista y sociólogo Wilhelm Röpke. Según explica Remmling, Röpke utiliza el concepto de tercera vía en su libro *Social Crisis of the Present*, publicado en 1942. En oposición a los marxistas, este emigrado alemán sostiene que la conducta humana está muy influida por las emociones y los valores compartidos con independencia de la posición de clase o los intereses sociales. Röpke recurre al concepto de «humanismo económico» para afirmar que es posible una tercera vía entre los extremos del capitalismo y el colectivismo[262].

En *Diagnóstico de nuestro tiempo*, Mannheim vincula la necesidad de «planificar para la libertad» a la internalización de los valores políticos y sociales de la civilización occidental. Así lo dice expresamente al explicar la diferencia fundamental entre la planificación de los regímenes totalitarios y la que él propone:

Los comunistas y los fascistas planifican también la sociedad, pero destruyendo los valores de la civilización occidental y aboliendo la libertad, la democracia y el respeto a la personalidad. En contraste con esta solución, la forma democrática de la planificación habrá de hacer todo lo posible para que sea compatible con esos valores[263].

Bajo el epígrafe «El tercer camino: una democracia militante», Mannheim reúne una serie de propuestas destinadas a poner al día el ideal de la «planificación para la libertad». Ante el avance de los sistemas totalitarios, hace hincapié en la necesidad de superar el *laissez faire* relativista con «una nueva actitud frente a los valores»[264]. Este mayor compromiso con los valores ha de ir de la mano de una educación que ayude a superar el individualismo y de formas religiosas que favorezcan la cohesión social.

---

262 Véase REMMLING, G. W., *op. cit.*, p. 189.
263 MANNHEIM, K., *Diagnóstico de nuestro tiempo*, p. 195.
264 *Ibid.*, p. 17.

En esta obra, Mannheim también llama la atención sobre la importancia de la justicia social en la planificación democrática. Sin este elemento, algunos sectores de la sociedad podrían beneficiarse de la planificación y obtener nuevos beneficios en perjuicio de los sectores más desfavorecidos. Para él, «el principio de justicia social no es solo una cuestión de ética, sino una condición necesaria del funcionamiento del sistema democrático en sí»[265], pues la desigualdad extrema puede desembocar en graves conflictos sociales.

Mannheim perfila su concepción de la «planificación para la libertad» en su obra póstuma *Libertad, poder y planificación democrática* (1950). Si hasta ahora había hecho hincapié en la conjunción entre la racionalidad sustancial y los valores básicos de la vida social, en esta obra da otra vuelta de tuerca e introduce el elemento del control democrático del poder. A su juicio, la tercera vía requiere establecer algunos mecanismos de control para proteger a los ciudadanos de los gobernantes que quieren destruir las instituciones democráticas y los derechos fundamentales.

Otro elemento decisivo en la concepción mannheimiana de la tercera vía es el equilibrio entre derechos individuales y responsabilidades sociales. Donde mejor expresa esta idea es en su obra póstuma *Introducción a la sociología de la educación* (1962). El sociólogo húngaro distingue dos concepciones de la sociedad igualmente insostenibles. Por un lado, está la que considera que «el individuo es la fuerza que mueve la historia, la fuente de todos los valores y el iniciador de los acontecimientos»[266]. Por otro, está la posición de quienes creen que «la única entidad desarrollable importante es la nación o la sociedad, y que las fuerzas internas que controlan su crecimiento pueden ser determinadas. Esto significa un proceso social e histórico predeterminado, en el que las personas participan, no como personalidades abstractas, sino

---

265 *Ibid.*, p. 15.
266 MANNHEIM, K., *Introducción a la sociología de la educación*, p. 83.

como seres sociales que son parte de una historia colectiva. Esto, naturalmente, es el punto de vista característico del marxismo»[267].

Frente a estos dos extremos, Mannheim propone «un tercer camino que integra los elementos de valor en ambos esquemas». Así, concibe al individuo como alguien digno en sí mismo, pero no autónomo, pues siempre mantiene vínculos con alguna comunidad: «En nuestra sociedad nadie puede escapar de nacer en una familia, vivir en una casa, en un vecindario, tomar parte en un grupo de juegos, asistir a la escuela y probablemente a la iglesia, tal vez unirse a una u otra asociación voluntaria, como los Scouts, las Muchachas Guías, etc.»[268].

Conviene recordar que, cuando Mannheim termina de perfilar su propuesta sobre la tercera vía –al principio de los años cuarenta–, la planificación era un asunto de plena actualidad en Inglaterra. Y pese a la fuerte oposición que encontraron sus ideas entre colegas como Friedrich Hayek y Karl Popper –enseguida lo veremos–, lo cierto es que estaban lejos de ser disparatadas. Dice Remmling:

> Los conservadores, temerosos de la revolución, accedieron a medidas planificadoras que invalidaban sus intereses creados; otros, siguiendo a Winston Churchill, aceptaron las actividades planificadoras como un medio temporal de cara a la victoria y la perpetuación del poder de Gran Bretaña. Algunos liberales y la mayor parte de los representantes de los laboristas pensaron que la planificación había llegado para permanecer como el garante de una democracia nueva y justa. Los liberales de izquierdas, los socialistas no alineados y los radicales formaron el 1941 Committee, que resumía sus puntos de vista en una de sus publicaciones, titulada *Planning and Freedom*[269].

Por aquellos años, comenzaron a dictarse algunas medidas planificadoras. En mayo de 1940, la Cámara de los Comunes elevó el impuesto sobre el exceso de beneficios empresariales. Unos meses después salió adelante la *Essential Work Order*, que

---

267 *Ibid.*, p. 84.
268 *Ibid.*, p. 225.
269 REMMLING, G. W., *op. cit.*, p. 183.

obligaba a los empleadores a obtener el visto bueno del Labour National Service para realizar un despido. También se extendieron las guarderías subvencionadas para los hijos de los trabajadores. Aunque estas leyes no siempre eran efectivas, sostiene Remmling, Mannheim y otros muchos partidarios de la democracia planificada vieron en ellas «los primeros pasos necesarios en la dirección acertada»[270].

La idea de planificar para una sociedad libre recibió un fuerte impulso con la publicación del *Informe Beveridge*, a finales de 1942. Sir William Beveridge, quien había dejado el puesto de director de la London School of Economics unos años antes, recibió el encargo del gobierno para coordinar la puesta en marcha de un nuevo sistema de protección social en el Reino Unido. El informe, pergeñado en parte con el asesoramiento de John Maynard Keynes, sirvió para impulsar un plan de seguridad social y de prestaciones en caso de pobreza, enfermedad o desempleo[271].

Aunque la propuesta de Beveridge suscitó reacciones contrarias en ambos extremos del arco ideológico, en general –explica Fernando Álvarez Uría– la sociedad británica lo recibió «con un encendido entusiasmo que resultó contagioso e imparable. El gobierno imprimió 650.000 copias que circularon provocando animados debates, y la conciencia de los ciudadanos de estar luchando por un mundo mejor dio ánimos a una población asediada por los continuos bombardeos sobre las ciudades inglesas llevadas a cabo por el ejército alemán»[272].

---

270 Véase *ibid.*, pp. 183-184.
271 Sobre los trabajos preparatorios del *Informe Beveridge*, así como sobre el trasfondo político de las reuniones del comité encargado de su elaboración, véase ÁLVAREZ URÍA, F. (2005), «Sociología y libertad. El debate entre Friedrich Hayek y Karl Mannheim sobre el estatuto del mercado en la sociedad», *Arxius de Ciències Socials*, núms. 12/13, diciembre, pp. 13-40. Vid. también ÁLVAREZ URÍA, F. (2007), «La crisis de los sistemas de protección social», *Revista Internacional de Ciencias Sociales y Humanidades*, SOCIOTAM, México, Universidad Autónoma de Tamaulipas, vol. XVII, núm. 2, pp. 29-53.
272 ÁLVAREZ URÍA, F., «Sociología y libertad. El debate entre Friedrich Hayek y Karl Mannheim sobre el estatuto del mercado en la sociedad», p. 28.

2. LOS LIBERALES DEVUELVEN EL GOLPE

En 1944, al terminar la Segunda Guerra Mundial, la London School of Economics se convirtió en el escenario de lo que Álvarez Uría llama la «gran contraofensiva liberal». Contra el Estado social keynesiano, se alzaron dos poderosos defensores del liberalismo: el economista Friedrich Hayek y el filósofo Karl Popper, ambos austriacos. Su objetivo era combatir el ideal de la planificación democrática, lo que incluía las ideas de Mannheim. La ofensiva se articuló a través de tres obras emblemáticas: Hayek abrió fuego con su célebre *Camino de servidumbre* (1944); y Popper prolongó el ataque con *La miseria del historicismo* (1944) y *La sociedad abierta y sus enemigos* (1945)[273].

Por aquellos años, Popper todavía no era el férreo liberal en que se convertiría luego[274]. Sin embargo, a Hayek eso no parecía importarle, pues veía en él un aliado con el que combatir el ambiente favorable a la planificación que empezaba a cuajar en la London School of Economics y en toda Inglaterra.

2.1. FRIEDRICH HAYEK: LA PLANIFICACIÓN CONDUCE AL TOTALITARISMO

Camino de servidumbre es un libro político, escrito por un economista, en el que predomina el pesimismo. Así lo reconoce la nota introductoria de José Vergara a la traducción española. Más sorprendente es lo que dice el propio Hayek en el prefacio

---

273 Véase *ibid.*, p. 29. Ver también ÁLVAREZ URÍA, F., «La crisis de los sistemas de protección social», p. 45 y ss.

274 Es frecuente pensar que Hayek y Popper mantenían posturas muy similares. Sin embargo, en esa época, también tenían discrepancias de fondo: Popper era partidario del proteccionismo y, en el ámbito de la ética, del utilitarismo, dos posturas que Hayek rechazaba. Véase SCHWARTZ, P., «La ética en el pensamiento de Popper y de Hayek», en Pedro Schwartz, Carlos Rodríguez Braun y Fernando Méndez (eds.), *Encuentro con Karl Popper*, Alianza Editorial, Madrid, 1983; 1ª reimpresión, 1994, pp. 35-48.

a la edición de 1976: «Aunque el libro puede contener mucho que, cuando lo escribí, no estaba yo en condiciones de demostrar convincentemente, fue un esfuerzo auténtico por encontrar la verdad»[275].

La autocrítica de Hayek es loable, pero conviene tener presente esta afirmación para rebajar las duras críticas que dirige a Mannheim y a la misma idea de la planificación. Las propuestas del sociólogo húngaro merecen serio escrutinio y, desde luego, admiten argumentos en contra. Lo que no cabe es descartarlas de partida bajo la presunción de que toda planificación contra la competencia es totalitaria.

Y esa es precisamente la tesis central de *Camino de servidumbre*: que los avances de la planificación democrática van necesariamente unidos a la pérdida de libertades y al progreso del totalitarismo. Para Hayek, el socialismo –que entonces significaba la nacionalización de los medios de producción (algo que Mannheim no defiende) y la planificación económica centralizada– conduce al totalitarismo; ambos son especies de un mismo género: el colectivismo. Y el camino por el que el colectivismo avanza en ese momento es el de la planificación. Este ha sido el itinerario que, según Hayek, recorrieron los alemanes hasta acabar en la Alemania de Hitler.

La gran tragedia, dice el economista austriaco, es que los ingleses partidarios del reformismo socialdemócrata no son conscientes de dónde termina el camino que han emprendido:

> Es necesario declarar ahora la desagradable verdad de que estamos en cierto peligro de repetir la suerte de Alemania. El peligro no es inmediato, cierto, y las condiciones de Inglaterra están aún tan lejos de las observadas en los últimos años en Alemania, que se hace difícil creer que nos movemos en la misma dirección. Sin embargo, aunque el camino sea largo, es de tal suerte que resulta cada vez más difícil de retroceder.

---

275 HAYEK, F. (1990), *Camino de servidumbre*, trad. de José Vergara, Madrid, Alianza Editorial, 1ª ed. española, 1946; 2ª reimpresión española, p. 26.

Si a la larga somos los hacedores de nuestro propio destino, a corto plazo somos cautivos de las ideas que hemos engendrado. Solo si reconocemos a tiempo el peligro podemos tener la esperanza de conjurarlo[276].

A continuación, Hayek señala con el dedo a los culpables de este peligro:

Como esperamos demostrar, el conflicto existente en Alemania entre la «derecha» nacionalsocialista y las «izquierdas» es el tipo de conflicto que surge siempre entre facciones socialistas rivales. Si esta interpretación es correcta, significa, pues, que muchos de estos refugiados socialistas, al aferrarse a sus ideas, ayudan ahora, aunque con la mejor voluntad del mundo, a llevar a su país de adopción por el camino que ha seguido Alemania[277].

El lector perspicaz sabrá identificar a Mannheim entre esos *refugiados socialistas de buena voluntad.* Y por si hubiera dudas, unas pocas páginas después, Hayek cita expresamente a Mannheim como el exponente de una nueva y peligrosa tendencia: la sustitución de la creencia en las fuerzas espontáneas de una sociedad libre por una dirección colectiva y consciente de todas las fuerzas sociales hacia metas deliberadamente elegidas. Según Hayek, nada ilustra mejor esta tendencia que «la posición extrema adoptada en un libro muy elogiado [*Man and Society in an Age of Reconstruction*], cuyo programa de la "planificación para la libertad" hemos de comentar más de una vez: "Jamás hemos tenido que levantar y dirigir el sistema entero de la naturaleza –escribe el Dr. Karl Mannheim– como nos vemos forzados a hacerlo hoy con la sociedad"»[278].

Una de las tesis más conocidas de *Camino de servidumbre* es la que afirma que el socialismo conduce al totalitarismo. Aunque años después Hayek trató de restar importancia a esta afirma-

---

276 *Ibid.*, p. 28.
277 *Ibid.*, p. 35.
278 *Ibid.*, pp. 48-49.

ción[279], la realidad es que es una idea que recorre todo el libro. En el capítulo 2, titulado «La gran utopía», el economista austriaco establece claramente la conexión entre socialismo y totalitarismo. A su juicio, fue el predominio de las ideas socialistas lo que condujo en Alemania al surgimiento del nacionalsocialismo. La misma evolución puede observarse en Italia, donde abunda el número de dirigentes, de Mussolini para abajo, que empezaron como socialistas y acabaron como fascistas. La enseñanza de Hayek es clara: el socialismo y la libertad son incompatibles. Por eso, para él, hablar de «socialismo democrático» no solo es un contrasentido, sino «que el empeño de alcanzarlo produce algo tan sumamente distinto, que pocos de sus partidarios estarían dispuestos a aceptar las consecuencias»[280].

La crítica de Hayek al «socialismo democrático» o «liberal» vuelve a repetirse en un capítulo dedicado a denigrar a los dirigentes socialistas («Por qué los peores se colocan a la cabeza»). En esta ocasión, asimila el socialismo al nacionalismo excluyente:

Que el socialismo sea internacionalista en tanto permanece dentro de la teoría, y que tan pronto como se lleva a la práctica, sea en Rusia o en Alemania, se torne violentamente nacionalista, es una de las razones por las que el «socialismo liberal», que es como la mayoría del mundo occidental se imagina al socialismo, tiene que mantenerse en el plano de la teoría pura, mientras que la práctica del socialismo es totalitaria en todas partes. El colectivismo no tiene sitio para el amplio humanitarismo liberal, sino tan solo para el estrecho particularismo de los totalitarios[281].

---

279 Escribe Hayek en el prefacio a la edición de 1976: «Se ha alegado frecuentemente que afirmo que todo movimiento en la dirección del socialismo ha de conducir por fuerza al totalitarismo. Aunque este peligro existe, no es esto lo que el libro dice. Lo que hace es llamar la atención hacia los principios de nuestra política, pues si no los corregimos se seguirán de ellos consecuencias muy desagradables que la mayoría de los que abogan por esa política no desean». F. HAYEK, *op. cit.*, p. 25.

280 *Ibid.*, p. 59.

281 *Ibid.*, pp. 178-179.

Otra idea reveladora de este libro es la posición de Hayek respecto del tamaño del Estado. En contra de lo que piensan muchos liberales actuales –más hayekianos que Hayek–, el economista austriaco no se opone a cualquier forma de intervención del Estado. Lo que defiende es que el Estado debe desarrollar sus acciones en un marco predeterminado por la ley:

> La cuestión de si el Estado debe o no debe «actuar» o «interferir» plantea una alternativa completamente falsa (...). No hay Estado que no tenga que actuar, y toda acción del Estado interfiere con una cosa o con otra. Pero esta no es la cuestión. Lo importante es si el individuo puede prever la acción del Estado y utilizar este conocimiento como un dato al establecer sus propios planes[282].

Al igual que Mannheim, Hayek distingue entre una planificación buena y otra mala. La primera es aquella que tiene por objeto la utilización racional de los recursos de la sociedad. Tal y como Hayek la concibe, la planificación debe conciliar los loables fines que impulsan su desarrollo con los medios disponibles –siempre escasos– y su administración eficiente. El economista, añade, es la última persona que puede oponerse a la planificación en este sentido general. El problema, añade, es que no es este el sentido en que los partidarios de la sociedad planificada emplean el término: «Lo que nuestros planificadores demandan es la dirección centralizada de toda la actividad económica según un único plan, que determine la "dirección explícita" de los recursos de la sociedad para servir a particulares fines por una vía determinada»[283].

Tras rechazar esta forma de planificación, que es la que a su juicio conduce a la dictadura, Hayek distingue entre libre competencia económica y régimen de *laissez faire*. La alternativa a la economía dirigista –dice– no es la inhibición del Estado, sino una estructura racional para el funcionamiento de la libre competencia:

---

282 *Ibid.*, p. 113.
283 *Ibid.*, pp. 63-64.

Es importante no confundir la oposición a la planificación de esta clase con una dogmática actitud de *laissez faire*. La argumentación liberal defiende el mejor uso posible de las fuerzas de la competencia como medio para coordinar los esfuerzos humanos, pero no es una argumentación en favor de dejar las cosas tal como están. Se basa en la convicción de que allí donde pueda crearse una competencia efectiva, esta es la mejor guía para conducir los esfuerzos individuales[284].

Según Hayek, el uso eficaz de la competencia como principio de organización social admite la interferencia coercitiva en la vida económica, pero siempre bajo determinados requisitos: 1) que las partes presentes en el mercado tengan libertad para vender y comprar a cualquier precio al cual puedan contratar con alguien, y que todos sean libres para producir, vender y comprar cualquier cosa que se pueda producir o vender; y 2) que la ley no tolere los intentos de intervenir los precios o las cantidades de unas mercancías en particular[285].

Dos condiciones que, en efecto, Mannheim incumple, cuando afirma que la planificación puede exigir el control de precios y la «limitación de la elección del consumidor» a través de la «reducción en la variedad» de la producción. El propio Mannheim advierte que eso es ir en contra del principio de competencia y aboga, de forma nada convincente, por «una prudente combinación de técnicas» para mitigar el problema[286].

El contraste entre ambos autores es, pues, evidente. Ahora bien, Hayek no ve incompatible el mantenimiento de la competencia con ciertas medidas intervencionistas, como prohibir determinadas sustancias venenosas, limitar las horas de trabajo, establecer disposiciones sanitarias o garantizar un sistema de servicios sociales. En realidad, a lo que Hayek se opone es a la planificación en detrimento de la competencia:

---

284 *Ibid.*, p. 64.
285 Véase *ibid.*, p. 65.
286 Véase MANNHEIM, K., *Libertad y planificación social*, p. 354.

Es de la mayor importancia para la comprensión de este libro que el lector no olvide que toda nuestra crítica ataca solamente a la planificación contra la competencia; a la planificación encaminada a sustituir a la competencia. Ello es de la mayor importancia, dado que no podemos, dentro del alcance de este libro, entrar a discutir la indispensable planificación que la competencia requiere para hacerse todo lo efectiva y beneficiosa que puede llegar a ser[287].

Hayek se enfrenta a Mannheim en otro punto decisivo, sin citarle de forma expresa: la relación entre democracia y valores. Para el economista austriaco, «la democracia es esencialmente un medio, un expediente utilitario para salvaguardar la paz interna y la libertad individual»[288]. En consecuencia, el Estado liberal debe dejar de lado la discusión acerca de las distintas concepciones del bien y, sobre todo, renunciar a cualquier intento de acuerdo sobre unos valores básicos.

Para Hayek, detrás del empeño de buscar un marco de valores compartidos –como quiere Mannheim– no hay otra cosa que el deseo de imponer la propia visión del mundo:

Los socialistas, progenitores cultos de una bárbara casta, esperaban tradicionalmente resolver este problema [la creación de un acuerdo sobre valores] por la educación (...). Y, como era lógico, los mismos socialistas fueron los primeros en reconocer por doquier que la tarea que se echaron sobre sí mismos exigía la general aceptación de una *Weltanschauung* común, de un conjunto definido de valores. En sus esfuerzos para producir un movimiento de masas, apoyado en una concepción uniforme del mundo, los socialistas fueron los primeros en crear la mayoría de los instrumentos de adoctrinamiento que con tanta eficacia han empleado nazis y fascistas[289].

La explicación de Hayek no hace justicia a la postura de Mannheim sobre el papel de los valores en una sociedad de-

---

287 HAYEK, F., *op, cit.*, p. 71.
288 *Ibid.*, p. 101.
289 *Ibid.*, p. 149.

mocrática. Como hemos explicado en el capítulo 5, el sociólogo húngaro no busca otro consenso que el que asegure la capacidad de resistencia frente a los sistemas totalitarios, pero no exige la uniformidad de pensamiento en todo lo demás.

En *Camino de servidumbre*, Hayek devuelve el golpe a Mannheim. Si el sociólogo húngaro había responsabilizado al liberalismo de haber allanado el camino a los sistemas totalitarios con su desinterés por los valores, el economista austriaco acusa «a los que creen en tendencias inevitables», «a los que predican un Nuevo Orden» y «a los que no piensan en nada mejor que en imitar a Hitler» (esto es, a los planificadores) de hallarse «bajo el influjo de las ideas que han engendrado esta guerra y la mayoría de los males que padecemos»[290].

2.2. KARL POPPER CONTRA LA INGENIERÍA UTÓPICA

Como ha documentado de forma muy amena Álvarez Uría, Karl Popper conoció a Hayek en 1935 y fue su gran aliado en la London School of Economics durante los años 40. Antes que él lo había sido el economista liberal Lionel Robbins, pero la alianza entre este y Hayek saltó por los aires en 1940[291]. A partir de ese momento, Popper ocupa su lugar y se convierte –por influencia del propio Hayek– en un furibundo crítico de los planificadores socialistas en general y de Mannheim en particular.

En *La miseria del historicismo* (1944), Popper vapulea a Mannheim «no menos de catorce veces en notas a pie de página»[292]. En *La sociedad abierta y sus enemigos* (1945), el filósofo austriaco vuelve a cargar contra el sociólogo húngaro, «a quien considera el gran representante, junto con Max Scheler, de la so-

---

290 *Ibid.*, p. 284.
291 Véase ÁLVAREZ URÍA, F., «Sociología y libertad. El debate entre Friedrich Hayek y Karl Mannheim sobre el estatuto del mercado en la sociedad», p. 27.
292 CALDWELL, B., citado en ÁLVAREZ URÍA, F., *ibid.*

ciología del conocimiento, es decir, "el abanderado de la teoría de la determinación social del conocimiento científico"»[293].

El nexo de unión entre las dos obras de Popper es el rechazo del historicismo. En *La miseria del historicismo*, el filósofo austriaco explica el atractivo que ejerce esta corriente de pensamiento y critica sus principales argumentos. Al año siguiente, en *La sociedad abierta y sus enemigos*, Popper se fija en algunos representantes del pensamiento historicista para mostrar su perniciosa influencia sobre la filosofía de la sociedad y de la política. Aunque los principales blancos de sus críticas en esta obra son Platón, Hegel y Marx, Mannheim también recibe un contundente ataque.

Popper entiende por historicismo «un punto de vista sobre las ciencias sociales que supone que la *predicción histórica* es el fin principal de estas, y que supone que este fin es alcanzable por medio del descubrimiento de los "ritmos" o los "modelos", de las "leyes" o de las "tendencias" que yacen bajo la evolución de la historia»[294].

En último término, el historicismo concibe la historia como una serie de acontecimientos que despliegan ciertas regularidades predecibles. Según este modo de pensar, los hechos conocidos del pasado pueden constituir un cuerpo suficiente de evidencia, del que pueden obtenerse extrapolaciones válidas sobre acontecimientos futuros. En consecuencia, el desarrollo histórico o social tiene leyes que pueden ser descubiertas y explotadas[295].

Para Popper, la creencia en un destino histórico –el fatalismo– es pura superstición. A su juicio, «no puede haber predicción del curso de la historia humana por métodos científicos o cualquier otra clase de método racional»[296]. Su argumento se estructura en cinco proposiciones:

---

293 Véase ÁLVAREZ URÍA, F., *ibid.*

294 POPPER, K. (1993), *La miseria del historicismo*, traducción de Pedro Schwartz, Madrid, Alianza, p. 17.

295 Véase JASAY, A., «Lo que se tuerce no se contrasta. Reflexiones sobre el pensamiento político de Karl Popper», en SCHWARTZ, P., RODRÍGUEZ BRAUN, C. y MÉNDEZ IBISATE, F. (eds.), *Encuentro con Karl Popper*, pp. 185-204.

296 POPPER, K. *La miseria del historicismo*, p. 17.

1. El curso de la historia humana está fuertemente influido por el crecimiento de los conocimientos.
2. No podemos predecir, por métodos racionales o científicos, el crecimiento futuro de nuestros conocimientos científicos.
3. No podemos, por tanto, predecir el curso futuro de la historia humana.
4. Esto significa que hemos de rechazar la posibilidad de una «historia teórica»; es decir, de una ciencia histórica y social de la misma naturaleza que la «física teórica».
5. La meta fundamental de los métodos historicistas está, por tanto, mal concebida; y el historicismo cae por su base[297].

Popper no pretende refutar la posibilidad de toda clase de predicción social. De hecho, ve posible poner a prueba teorías sociológicas por medio de una predicción de que ciertos sucesos tendrán lugar bajo ciertas condiciones. Lo que rechaza es «la posibilidad de predecir sucesos históricos en tanto puedan ser influidos por el crecimiento de nuestros conocimientos»[298].

Frente al empeño de los historicistas por hacer «profecías históricas», Popper reivindica la «predicción social». Mientras las primeras descansan sobre unas supuestas leyes o tendencias inmutables, la segunda ofrece un cuerpo de hipótesis permanentemente abiertas a la refutación. Las profecías se tienen por ciertas sin ningún fundamento, pues nadie las ha sometido a la prueba del éxito o del fracaso; las predicciones, en cambio, pueden ser contrastables mediante ensayo y error, es decir, sus efectos pueden ser percibidos y juzgados en un futuro finito.

Las predicciones que Popper defiende descansan sobre la «ingeniería social». Consciente de que esta expresión puede provocar sospechas y repeler a ciertas personas porque les recuerda los modelos sociales de los planificadores colectivistas, Popper añade las

---

297 Véase *ibid.*, p. 12.
298 *Ibid.*

palabras «fragmentaria» o «parcial»[299]. Con esta expresión, el filósofo austriaco designa una política intervencionista moderada que aspira a retocar la sociedad con pequeños ajustes aquí y allá, en vez de emprender una transformación completa de la sociedad.

La «ingeniería social fragmentaria» descansa sobre la convicción de que «solo una minoría de instituciones sociales se proyecta conscientemente, mientras que la gran mayoría ha "nacido" como el resultado impremeditado de las acciones humanas»[300]. De esto se desprende que la tarea principal del ingeniero fragmentario consiste en proyectar instituciones sociales y en reformar aquellas que ya existen, pero no aspira a una revolución.

> Aunque quizá abrigue algún ideal concerniente a la sociedad «como un todo» –su bienestar general quizá–, no cree en el método de rehacerla totalmente. Cualesquiera que sean sus fines, intenta llevarlos a cabo con pequeños ajustes y reajustes que pueden mejorarse continuamente[301].

Por otra parte, el ingeniero fragmentario admite las limitaciones del conocimiento humano; de ahí que las mejoras sociales que emprende tengan que ser contrastadas.

> El ingeniero fragmentario sabe, como Sócrates, cuán poco sabe. Sabe que solo podemos aprender de nuestros errores. Por tanto, avanzará paso a paso, comparando cuidadosamente los resultados esperados con los resultados conseguidos, y siempre alerta ante las inevitables consecuencias indeseadas de cualquier reforma; y evitará el comenzar reformas de tal complejidad y alcance que le hagan imposible desenmarañar causas y efectos, y saber lo que en realidad está haciendo[302].

En el extremo opuesto al de la «ingeniería fragmentaria» está la «ingeniería utópica» u «holística», que pretende una reconstrucción completa de la sociedad. Según Popper, la exposición más elabora-

---

299 Véase *ibid.*, p. 72.
300 *Ibid.*, p. 79.
301 *Ibid.*, p. 80.
302 *Ibid.*, p. 81.

da de un programa holístico e historicista es la obra de Mannheim *Man and Society in an Age of Reconstruction* y, por eso, la escoge como blanco de sus críticas. Esta clase de ingeniería social,

> busca remodelar a «toda la sociedad» de acuerdo con un determinado plan o modelo; busca «apoderarse de las posiciones clave» (K. Mannheim, *Man and Society in an Age of Reconstruction*, pp. 269, 295, 320, 381) y extender «el poder del Estado... hasta que el Estado se identifique casi totalmente con la sociedad» (*ibid.*, p. 337), y busca, además, controlar desde esas «posiciones clave» las fuerzas históricas que moldean el futuro de la sociedad en desarrollo: ya sea parando este desarrollo, ya previendo su curso y adaptando la sociedad a dicho curso[303].

A continuación, Popper explica el punto de vista tan diferente desde el cual el ingeniero holista y el fragmentario consideran la tarea de reformar la sociedad:

> Los holistas rechazan la actitud fragmentaria como demasiado modesta. Pero este rechazo no está de acuerdo con lo que hacen en la práctica, porque en la práctica siempre se refugian en una aplicación irreflexiva y chapucera, aunque ambiciosa y despiadada, de lo que es esencialmente un método fragmentario sin su carácter cauto y autocrítico. La razón es que, en la práctica, el método holístico resulta imposible; cuanto más grandes sean los cambios holísticos intentados, mayores serán sus repercusiones no intencionadas y en gran parte inesperadas, forzando al ingeniero holístico a recurrir a la *improvisación* fragmentaria[304].

En *La sociedad abierta y sus enemigos*, Popper vuelve a cargar contra la ingeniería holística, a la que reprocha «su tentativa de solucionar los problemas de la sociedad de un solo golpe, sin dejar de tocar absolutamente nada»[305]. Esta postura aparece sintetizada en una cita del novelista Roger Martin du Gard que recoge

---

303 *Ibid.*
304 *Ibid.*, p. 82.
305 POPPER, K. (1989), *La sociedad abierta y sus enemigos*, traducción de Eduardo Loedel, 3ª reimpresión española, Barcelona, Paidós Ibérica, p. 163.

Popper al principio del capítulo 9: «Para empezar, habrá que destruir todo. Toda nuestra maldita civilización deberá desaparecer antes de que podamos traer alguna decencia al mundo»[306].

Los temores del filósofo austriaco están más que justificados. Sin embargo, pasa por alto los contrapesos que prevé Mannheim para evitar desmanes. En efecto, el sociólogo húngaro reivindica la importancia de la tradición; propone el intervencionismo reformista frente a la revolución; e insiste en que las reformas sociales, que siempre han de estar abiertas a un proceso de revisión flexible, han de someterse a los debidos controles democráticos.

Llama la atención que, en esta obra, Popper defiende la idea de que la ingeniería social –la planificación– es perfectamente admisible cuando se propone intervenir para liberar: «Solo mediante la planificación gradual de instituciones para la salvaguardia de la libertad, especialmente de la libertad sin explotación, podemos aspirar a conquistar un mundo mejor»[307]. Y más adelante añade: «Debemos planificar para la libertad, y no solo para la seguridad».

El parecido de estas ideas con la propuesta de Mannheim –formulada años antes– es manifiesto. Sin embargo, el filósofo austriaco se limita a decir, en una brevísima nota a pie de página, que la planificación que él propone sí conduce a la libertad, mientras que la del sociólogo húngaro conduce al despotismo:

> También Mannheim, en su obra *Man and Society in an Age of Reconstruction*, 1941, se muestra partidario de la «planificación para la libertad». Pero puesto que su idea de la «planificación» es enfáticamente colectivista y holista, estoy persuadido de que debe [de] conducir necesariamente a la tiranía y no a la libertad; y, en realidad, la «libertad» de Mannheim no es sino un vástago de la de Hegel[308].

---

306 MARTIN DU GARD, R., *Les Thibault*, citado en POPPER, K., *La sociedad abierta y sus enemigos*, p. 157.
307 POPPER, K., *La sociedad abierta y sus enemigos*, p. 322.
308 *Ibid*, p. 631.

Ciertamente, la propuesta mannheimiana de «planificar para la libertad» no es la panacea y, desde luego, admite múltiples críticas. En este sentido, son particularmente atinadas las advertencias de Popper frente a los empeños totalizantes de reforma social; o frente al determinismo, error en el que Mannheim cae aparatosamente cuando da por hecho que la planificación es inevitable, debido a la dirección en la cual se mueve la historia.

Sin embargo, tras la lectura de las obras de Hayek y de Popper, uno tiene la impresión de que la mayoría de los ataques que dirigen al sociólogo húngaro con frecuencia son desproporcionados. Entre otras cosas, porque no logran probar que sus tesis planificadoras preparan el camino a la dictadura.

3. DEL ESTADO SOCIAL KEYNESIANO AL NEOLIBERALISMO

La discusión que se libró en la London School of Economics entre los partidarios de un proyecto de renovación socialdemócrata y los defensores del liberalismo trascendió las fronteras del ámbito académico con la aprobación del *Informe Beveridge*, en 1942, y la victoria del Partido Laborista en las elecciones de 1945. Ambos hitos –sostiene Álvarez Uría– fueron decisivos para la construcción del nuevo modelo de Estado social en Inglaterra. Otra influencia fundamental fue la obra *La teoría general de la ocupación, el interés y el dinero* (1936), del economista británico John Maynard Keynes[309].

La socialdemocracia que surge tras la Segunda Guerra Mundial es partidaria de usar el poder del Estado para poner el mercado al servicio del bienestar general. «Frente al primer modelo de Estado social que superpone lo social a lo económico –sigue diciendo Álvarez Uría–, ahora el Estado gestionará empresas públicas, determinará zonas prioritarias de inversión, regulará el crédito a través del Banco Central, hará frente al desempleo

---

309 Véase ÁLVAREZ URÍA, F., «La crisis de los sistemas de protección social», p. 43.

creando empleo público, se encargará –mediante el sistema fiscal– de la redistribución de la riqueza, construirá viviendas sociales, favorecerá la igualdad de oportunidades y la igualdad social; contribuirá, en fin, a planificar desde las instituciones democráticas, en función de las demandas de los ciudadanos»[310].

Poco a poco, el modelo inglés de Estado social se fue desarrollando en otros países europeos y, sobre todo, en los países del norte de Europa. La socialdemocracia se consolidó como la principal fuerza política, teniendo su mayor período de auge entre 1945 y 1975.

En estos países se produjo un crecimiento económico ininterrumpido, una mayor y mejor redistribución de la riqueza y del conocimiento, una mayor igualdad de oportunidades, un crecimiento exponencial de la movilidad social ascendente. Fueron años de un gran desarrollo de la clase obrera y de los sindicatos (...). En Noruega, Suecia y Dinamarca se produjo una gran incorporación de las mujeres a la administración y, en general, al trabajo, gracias al impulso a favor de la igualdad proporcionado por el Estado social. Surgía así, frente al estalinismo, el fascismo y el liberalismo económico, una alternativa que, a partir de reformas sociales desembocó, de hecho, en una revolución social silenciosa[311].

El contexto en el que se desarrolla esta etapa de la denominada «socialdemocracia clásica» se caracteriza fundamentalmente por la difusión de un modelo que aúna la democracia liberal, el capitalismo y el bienestar social[312]. Entre los dirigentes más destacados de esta época se encuentran: el primer ministro sueco Olof Palme (1969-1976, reelegido en 1982), el canciller austriaco Bruno Kreisky (1970-1983) y el canciller alemán Willy Brandt (1969-1974).

---

310 *Ibid.*, p. 43.
311 *Ibid.*, p. 44.
312 Véase «¿Qué es la socialdemocracia? Los principios y valores de la tercera vía», Fundación por la Socialdemocracia de las Américas, primera edición impresa, 2005; primera edición electrónica, corregida y aumentada, 2006.

Para el político y pensador socialista Anthony Crosland, ex secretario de Estado para Asuntos Exteriores del Reino Unido y autor del libro *The Future of Socialism* (1956) –considerado una obra de referencia en el laborismo británico–, los cinco elementos que componen el paradigma socialdemócrata de aquellos años son los siguientes: el aprecio por las instituciones propias del orden liberal, la economía mixta, el Estado del bienestar, el compromiso con la igualdad social y el keynesianismo (es decir, la ejecución de políticas económicas destinadas a lograr pleno empleo, salarios elevados, estabilidad de precios y aumento del gasto público).

Casi tres décadas de grandes éxitos llegaron a su fin con la quiebra del denominado «consenso del bienestar». En 1973, la crisis del petróleo y la consecuente alza de los precios en el mercado desencadenaron una recesión económica que dio al traste con el ciclo keynesiano. Algunos de los problemas que se presentaron entonces fueron: el aumento excesivo del gasto público, los índices elevados de inflación, el aumento de la deuda pública, la pérdida de competitividad de las empresas públicas, etc.[313].

La reacción no se hizo esperar. En 1979 Margaret Thatcher ganó las elecciones en Reino Unido (1979-1990) y, poco tiempo después, Ronald Reagan fue elegido presidente de Estados Unidos (1981-1989). Ambos gobiernos se mostraron a favor de la expansión indefinida de las fuerzas del mercado, marcando un nuevo rumbo con sus políticas neoliberales[314]. Según Anthony Giddens, la idea básica que defiende el neoliberalismo es que:

Un sistema competitivo de mercado no solo aumenta al máximo la eficacia económica, sino que es la principal garantía de libertad individual y solidaridad social. A diferencia del viejo conservadurismo, los

---

313 Véase *ibid.*, pp. 9-10.
314 Para una explicación de las polémicas que rodean al término «neoliberalismo», véase MESEGUER, J., «Qué es el neoliberalismo y por qué todo el mundo lo odia», *Aceprensa*, 14 enero 2022. Ver también: ÁLVAREZ URÍA, F., «La crisis de los sistemas de protección social», pp. 45-46.

neoliberales admiran el individualismo económico; y opinan que dicho individualismo es la clave del éxito de la democracia en el contexto del Estado mínimo[315].

Para los neoliberales, el origen del orden en la sociedad procede de la coordinación espontánea –la coordinación sin mando– de muchos individuos que actúan por motivos propios. De ahí la función restringida que asignan al gobierno:

> El principal objetivo del gobierno –dice Giddens glosando a Hayek– no es «elaborar ningún servicio o producto concreto para que lo consuman los ciudadanos, sino asegurarse de que el mecanismo que regula la producción de bienes y servicios continúe funcionando» (F. Hayek, *Rules and Order*, Routledge, Londres, p. 47). El mensaje de la economía competitiva a los gobiernos es: ¡Fuera! Incluso cuando la impulsan los motivos más nobles, la intervención del gobierno puede crear, si no la tiranía (aunque así ocurrió con los regímenes comunistas), al menos la ineficacia burocrática[316].

El planteamiento neoliberal choca de frente con el de Mannheim, para quien la planificación consiste precisamente en la coordinación por parte del Estado de determinadas esferas de la vida social para evitar desajustes. Y es este punto uno de los que más claramente le enfrenta a pensadores liberales como Ludwig von Mises y Friedrich Hayek, reivindicados en los años 80 del siglo xx por todos aquellos que buscaban una doctrina que combatiera el colectivismo de inspiración socialista. Von Mises es categórico:

> Los que pretenden preservar la libertad mientras se empeñan en fijar precios, salarios y tasas de interés a un nivel distinto al del mercado, se engañan a sí mismos. No hay más alternativa a la esclavitud totalitaria que la libertad. No hay otra planificación para la libertad y el bienestar general que dejar funcionar el sistema de mercado. No hay otro medio

---

315 GIDDENS, A. (1996), *Más allá de la izquierda y la derecha. El futuro de las políticas radicales*, traducción de Mª Luisa Rodríguez Tapia, Madrid, Cátedra, p. 43.
316 *Ibid.*, p. 44.

que la iniciativa privada y la libertad de empresa para lograr la ocupación plena, el aumento de los salarios reales y un alto nivel de vida para el hombre común[317].

4. ANTHONY GIDDENS O EL RETORNO DE LA TERCERA VÍA

Tras un largo dominio neoliberal, la socialdemocracia europea recuperó el terreno perdido gracias a los triunfos electorales de Tony Blair en Reino Unido (1997-2007), Lionel Jospin en Francia (1997-2002) y Gerhard Schröder en Alemania (1998-2005).

Por primera vez en varios lustros, las tres potencias europeas contaban con gobiernos que compartían una misma perspectiva. La sintetizó muy bien el líder laborista Tony Blair cuando describió la nueva mayoría socialdemócrata como un empeño por «crear una Europa próspera y competitiva económicamente a la vez que se garantiza un nivel alto de justicia social»[318]. La puesta en marcha de esta postura renovada de centroizquierda se vio fortalecida, al otro lado del Atlántico, con la reelección como presidente de Estados Unidos del demócrata Bill Clinton (1993-2001).

Anthony Giddens, entonces director de la London School of Economics, apareció en esos momentos como el máximo exponente de la nueva filosofía política tras la publicación de su obra *La tercera vía* (1998). Con ella se propuso renovar la socialdemocracia para responder a las necesidades de los «nuevos tiempos», marcados por la globalización, el nuevo individualismo, el énfasis en el conocimiento, las transformaciones de la vida personal o las cuestiones ecológicas. Mientras que la tercera vía de Mannheim es un camino intermedio entre el *laissez faire* relativista y la planificación totalitaria, la de Giddens se refiere –en sus propios términos–

---

317 VON MISES, L. (1966), «Planificación para la libertad», *Centro de Estudios Económicos Sociales*, núm. 120, febrero, p. 10.

318 BLAIR, T., citado en DE ANDRÉS, F., «La "tercera vía", un camino con pocas señales», *Aceprensa*, 14 octubre 1998.

«a un marco de pensamiento y política práctica que busca adaptar la socialdemocracia a un mundo que ha cambiado esencialmente a lo largo de las dos o tres últimas décadas. Es una tercera vía en cuanto que es un intento por trascender tanto la socialdemocracia a la antigua como el neoliberalismo»[319].

Giddens estudió en la Escuela de Sociología de Leicester, donde tuvo varios años como profesor a Norbert Elias, discípulo de Mannheim. En esa universidad ejerció la docencia seis años en el Departamento de Sociología, y no es disparatado suponer que Elias daría a conocer a Giddens las ideas de Mannheim. Pero el hecho cierto es que Giddens no menciona al sociólogo húngaro en ninguna de las obras en que desarrolla su propuesta de tercera vía.

En *Más allá de la izquierda y la derecha* (1994), Giddens emplea la expresión «tercera vía» en términos bastante escépticos:

Si el socialismo del sistema de bienestar se ha vuelto conservador y el comunismo ha dejado de existir, ¿podría hablarse aún de una «tercera vía», el «socialismo de mercado»? Desde luego, muchos de los disidentes de Europa del Este que ayudaron a acabar con el sistema comunista mantenían esa opinión; no querían sustituir el comunismo por el capitalismo. Y ciertas formas de socialismo de mercado siguen teniendo sus defensores elocuentes. No voy a intentar, en este contexto, ocuparme de lo que se ha convertido en una literatura complicada sobre la materia. A mi juicio, existen buenas razones para afirmar que el socialismo de mercado no es una posibilidad realista[320].

Sin embargo, en *La tercera vía* (1998) el tono es muy distinto y ya aparece con claridad su voluntad de articular una nueva filosofía política. El sociólogo británico abandona el uso del término como sinónimo de socialismo de mercado, para referirse ahora a un camino que trasciende tanto la socialdemocracia clásica como el neoliberalismo. Poco tiempo después, en *La tercera vía y sus críti-*

319 GIDDENS, A. (1999), *La tercera vía. La renovación de la socialdemocracia*, traducción de Pedro Cifuentes Huertas, Madrid, Taurus, p. 38.
320 GIDDENS, A., *Más allá de la izquierda y la derecha*, p. 76.

cos (2000), desarrolla su propuesta con más detalle y responde a las principales objeciones que le plantean. De la lectura de estas dos últimas obras, cabe extraer los elementos clave de su propuesta:

1. *El centro radical:*

   Aunque la distinción entre izquierda y derecha sigue teniendo peso en nuestros días, Giddens cree que esta contraposición ya no ayuda a iluminar muchas cuestiones de lo que llama «la política de la vida», centrada en asuntos que afectan a todo el mundo:

   > ¿Cómo deberíamos reaccionar a la hipótesis del calentamiento global? ¿Deberíamos o no aceptar la energía nuclear? ¿Hasta qué punto debería seguir siendo el trabajo un valor central en la vida? ¿Deberíamos apoyar la devolución [es decir, la transferencia de facultades políticas y administrativas a las autoridades regionales]? ¿Cuál debería ser el futuro de la Unión Europea? Ninguna de estas es una cuestión clara de izquierda/derecha[321].

   Estos nuevos problemas, que afectan a todos, llevan a mirar al centro político. El interés por el centro, dice Giddens, no debería interpretarse como una renuncia al compromiso con los valores de la izquierda ni tiene por qué ser una política de concesiones. Cuando los teóricos de la tercera vía hablan de desplazarse hacia el centro, están pensando en un «centro radical» o «activo»: se trata de combinar la preocupación por la justicia social y la política emancipadora con los problemas que surgen a partir de la diversidad de estilos de vida, las estrategias ecológicas y los nuevos escenarios de riesgo. El giro hacia el centro es, por tanto, «totalmente compatible con la afirmación de que la política de la tercera vía ha de implicar políticas radicales»[322].

---

321 GIDDENS, A., *La tercera vía*, p. 58.
322 GIDDENS, A. (2001), *La tercera vía y sus críticos*, traducción de Pedro Cifuentes Huerta, Madrid, Taurus, p. 61.

Entre los valores que defienden los partidarios del centro radical destacan tres: la justicia social, la libertad como autonomía y la responsabilidad personal. Este último valor ha sido formulado por Giddens en los siguientes términos:

> Uno podría sugerir como lema principal para la nueva política: *ningún derecho sin responsabilidad*. El gobierno tiene una multitud de responsabilidades respecto a sus ciudadanos y respecto a otros, incluida la protección de los débiles. La socialdemocracia a la antigua, sin embargo, tendía a considerar los derechos como exigencias incondicionales. Con el individualismo creciente debería venir una extensión de las obligaciones individuales. Las prestaciones por desempleo, por ejemplo, deberían acarrear la obligación de buscar trabajo activamente, y depende de los gobiernos asegurar que los sistemas de bienestar no desalienten la búsqueda activa[323].

2. *El nuevo Estado democrático:*

Los neoliberales quieren reducir el Estado; los socialdemócratas, históricamente, han buscado expandirlo. En cambio, la tercera vía aspira a reconstruirlo a través de lo que Giddens llama la «democratización de la democracia»:

> La cuestión no es más o menos gobierno, sino reconocer que el gobierno debe ajustarse a las nuevas circunstancias de la era global; y que la autoridad, incluida la legitimidad del Estado, ha de ser positivamente renovada. En una sociedad postradicional, la autoridad ya no puede legitimarse mediante símbolos tradicionales o diciendo «así es como siempre se han hecho las cosas»[324].

---

323 GIDDENS, A., *La tercera vía*, p. 81.
324 *Ibid.*, p. 88.

Democratizar la democracia requiere, antes que nada, descentralizar o devolver el poder hacia abajo, pero también hacia arriba.

> En lugar de simplemente debilitar la autoridad del Estado-nación, este doble movimiento –un movimiento de doble democratización– es la condición para reafirmar esa autoridad, ya que este movimiento puede hacer al Estado más sensible a influencias que, en otro caso, le desbordan por todas partes. En el contexto de la Unión Europea, esto significa considerar la subsidiariedad como algo más que un término doctrinal: es la forma de construir un orden político que no sea ni un superestado ni únicamente un área de libre comercio, y al mismo tiempo otorgue al Estado una influencia renovada[325].

Para conservar o recobrar legitimidad, opina Giddens, el Estado ha de lograr una mayor transparencia e imparcialidad, junto a la introducción de nuevas salvaguardas contra la corrupción; elevar la eficiencia administrativa con medidas prestadas del mundo de la empresa (por ejemplo, controles de objetivos, auditorías eficaces, estructuras de decisiones flexibles y mayor participación de los empleados); restablecer un contacto más directo entre gobierno y ciudadanos mediante «experimentos de democracia», tales como la democracia directa local, los referendos electrónicos o los jurados ciudadanos; y, finalmente, fomentar la capacidad del Estado para la gestión del riesgo (no solo riesgos económicos, sino también los derivados del cambio científico y tecnológico)[326]. En conjunto, estas propuestas definen la forma de gobierno que Giddens conoce como el «nuevo Estado democrático» o el «Estado sin enemigos».

---

325 *Ibid.*, pp. 88-89.
326 Véase *ibid.*, pp. 89-94. Vid. también GIDDENS, A., *La tercera vía y sus críticos*, pp. 65-72.

3. *Una sociedad civil activa:*

Ante la decadencia cívica que se observa en distintos ámbitos de las sociedades contemporáneas, no tiene sentido seguir enfrentando al Estado y a la sociedad civil, como hacían la izquierda y la derecha tradicionales. La tercera vía aboga por una colaboración mutua: «El Estado y la sociedad civil deberían actuar asociados, cada uno para ayudar, pero también para controlar, la acción del otro»[327].

Una de las preocupaciones principales del gobierno debería ser contribuir a revitalizar las comunidades –sobre todo, en las áreas más pobres– a través de la iniciativa local. Lo que, a su vez, exige una «sociedad civil activa», dispuesta a implicarse en la resolución de los problemas sociales.

Otro aspecto al que Giddens presta mucha atención es el de la prevención comunitaria de la delincuencia, un enfoque que prefiere frente al endurecimiento de las penas: aquí el sociólogo británico aboga por estrechar la colaboración entre la policía y los ciudadanos para mejorar la conducta cívica a través de la educación, la persuasión y el asesoramiento. También reclama que gobierno y empresarios trabajen codo con codo para ayudar a enmendar la decadencia urbana[328].

4. *Familia democratizada y sexualidad plástica.*

La posición de Giddens sobre la familia es mucho más controvertida de lo que muestran sus dos libros dedicados a la tercera vía. En estos se limita a defender –en términos bastante genéricos– el principio de igualdad entre los cónyuges: «Solo hay una historia que contar sobre la familia hoy día, y es la de la democracia. La familia se está democratizando, en formas que siguen la pauta de los procesos de democracia pública; y tal democratización sugiere el modo en el que la vida familiar

---

327 GIDDENS, A., *La tercera vía*, p. 96.
328 Véase *ibid.*, pp. 104-107. Vid. también GIDDENS, A., *La tercera vía y sus críticos*, pp. 58-60.

podría combinar la elección individual y la solidaridad social (...). La democratización en el contexto de la familia implica igualdad, respeto mutuo, autonomía, toma de decisiones mediante la comunicación y ausencia de violencia»[329].

Este modelo de familia democratizada sirve también de guía para las relaciones padre-hijo: «Los padres, por supuesto, todavía reclamarán autoridad sobre los niños, y con razón; pero esta será más negociada y abierta que antes»[330]. El principio de autoridad negociada se completa, como contrapartida, con la convicción de que los hijos también tienen obligaciones con los padres. Además, Giddens propone la posibilidad de desvincular el matrimonio del compromiso contractual con el hijo; de esta forma, el padre seguiría siendo padre aún después de un divorcio. Finalmente, frente al modelo tradicional de familia, sugiere el ideal de la responsabilidad compartida de ambos progenitores en el cuidado de los hijos (coparentalidad).

De todos modos, donde más claramente aparece la concepción de la familia de Giddens es en su obra *La transformación de la intimidad* (1995). Según explica Jesús Ballesteros, el punto de partida de la visión de Giddens sobre la familia

lo constituye lo que llama «democracia de las emociones», en la que desaparece todo vínculo entre sexualidad y reproducción, así como la distinción entre hetero y homosexualidad, razón por la que prefiere hablar de pareja en vez de matrimonio, considerando que esta es el centro de la nueva vida familiar. De acuerdo con la radical separación entre sexualidad y reproducción, Giddens destaca la importancia para la intimidad, la democracia y la emancipación, de lo que él llama la «sexualidad plástica», esto es, la sexualidad liberada de las necesidades de la reproducción[331].

329 GIDDENS, A., *La tercera vía*, pp. 111-112.
330 *Ibid.*, p. 112.
331 BALLESTEROS, J. (2001), «Las concepciones de la familia en las Terceras Vías», en José Pérez Adán (ed.), *Las Terceras Vías*, Madrid, Ediciones Internacionales Universitarias, p. 250.

5. *Sinergia entre lo público y lo privado:*
La tercera vía propone una «nueva economía mixta» en la que los mercados no estén subordinados al Estado, y en la que se dé un prudente equilibrio entre competencia y regulación. Se trata de buscar

> una sinergia entre los sectores públicos y privados, aprovechando el dinamismo de los mercados pero teniendo en cuenta el interés público. Requiere un equilibrio entre regulación y desregulación, tanto a nivel transnacional como nacional y local; y un equilibrio entre lo económico y lo no económico en la vida social. Lo segundo es al menos tan importante como lo primero, pero se alcanza en parte a través de ello[332].

En *La tercera vía y sus críticos*, Giddens sitúa la economía del conocimiento como parte central de la política de la tercera vía: «Hoy día, los sectores dinámicos de la economía son las finanzas, los ordenadores y el *software*, las telecomunicaciones, la biotecnología y la industria de las comunicaciones»[333]. Dado que los principales agentes de esta nueva economía son los trabajadores del conocimiento (trabajadores por cable y otros cuyo trabajo no produce directamente bienes materiales), Giddens propone redefinir la educación y dirigirla hacia el desarrollo de las competencias básicas requeridas para trabajar[334].

Otra característica de la política económica de la tercera vía es la creación de las condiciones que estimulan al empresariado, un fenómeno que va más allá del sector privado:

> Una sociedad que no incentiva la cultura empresarial no generará la energía económica que nace de las ideas más creativas. Los empre-

---

332 *Ibid.*, pp. 119-120.
333 GIDDENS, A., *La tercera vía y sus críticos*, p. 79.
334 *Ibid.*, p. 83.

sarios sociales y cívicos son tan importantes como los que trabajan en los mercados, ya que hace falta el mismo empuje y creatividad en el sector público y en la sociedad civil que en la esfera económica[335].

6. *Igualdad como inclusión:*
Giddens se opone tanto al igualitarismo de resultados rígidamente definidos como a una sociedad radicalmente meritocrática.

La política de la tercera vía quiere, en su lugar, maximizar la igualdad de oportunidades. No obstante, ha de conservar la preocupación por limitar también las desigualdades de resultados. La razón principal es que la igualdad de oportunidades puede generar desigualdades de riqueza y renta que impiden oportunidades, después, para las siguientes generaciones[336].

El acceso al trabajo y a la educación aparecen como los ámbitos principales de oportunidades.

La formulación más acabada de esta política se encuentra en la definición que hace Giddens de la igualdad como «inclusión» y la desigualdad como «exclusión».

Inclusión se refiere en su sentido más amplio a la ciudadanía, a los derechos y deberes civiles y políticos que todos los miembros de una sociedad deberían tener, no solo formalmente, sino como una realidad de sus vidas. También se refiere a las oportunidades y a la integración en el espacio público[337].

7. *Bienestar positivo:*
La tercera vía admite algunas de las críticas que la derecha lanza contra el Estado de bienestar (dependencia, disminución de la libertad personal, burocracia asfixiante, efectos perversos...), pero no ve estos problemas como

---

335 *Ibid.*, p. 84.
336 *Ibid.*, p. 63.
337 GIDDENS, A., *La tercera vía*, p. 123.

un motivo para desmantelarlo. Más bien, aspira a transformarlo en un «Estado social inversor», más preocupado por capacitar a los ciudadanos a través de la educación y la formación laboral que por acostumbrarlos a los subsidios. Lo que quiere es ensanchar las oportunidades y fomentar la responsabilidad personal.

El concepto básico del Estado social inversor es el «bienestar positivo», que incluye un componente psicológico:

> Cuando Beveridge escribió en 1942 su *Informe sobre la Seguridad Social y Servicios Conexos*, hizo su célebre declaración de guerra a la indigencia, a la enfermedad, a la ignorancia, a la miseria y a la indolencia. En otras palabras, su enfoque era casi completamente negativo. Hoy deberíamos hablar de «bienestar positivo», al que contribuyen los propios individuos y otros agentes, además de la Administración –y que es funcional para la creación de riqueza–. El bienestar no es en esencia un concepto económico, sino uno psíquico, que atañe al estar-bien. Las prestaciones o ventajas económicas no son, por tanto, casi nunca suficientes por sí mismas para producirlo. El bienestar no solo es generado en muchos contextos y por muchas influencias distintas al Estado de bienestar, sino que las instituciones del bienestar deben ocuparse de promover mejoras psicológicas a la vez que económicas. Pueden ofrecerse ejemplos bastante mundanos: el asesoramiento, por ejemplo, puede ser en ocasiones más útil que el apoyo económico directo[338].

Otro principio guía de la reforma del sistema de protección social es la colaboración con empresas y ONG. «El gasto en bienestar, entendido como bienestar positivo, no será generado y distribuido totalmente a través del Estado, sino por el Estado actuando en combinación con

---

338 GIDDENS, A., *La tercera vía*, pp. 138-139.

otros agentes, incluyendo el mundo financiero. La sociedad del bienestar en este contexto no es solo la nación, sino que se extiende por encima y debajo de ella»[339].

8. *Democracia transnacional:*
En el pasado, la izquierda fue internacionalista: defendía la solidaridad internacional y buscaba activamente el desarrollo económico de los países pobres. Pero ahora, lamenta Giddens, «se ha vuelto aislacionista, oponiéndose a veces a casi cualquier aspecto de la economía global. Sin embargo, la intensificación de la globalización –que, en cualquier caso, va mucho más allá del mercado global– ofrece muchos beneficios, cuya maximización debe ser la meta de la política de la tercera vía»[340].

Aunque el sociólogo británico reconoce la importancia de los Estados-nación, de hecho aboga por las ideas de *nación cosmopolita* y *soberanía múltiple.*

> La identidad nacional solo puede ser una influencia benigna si es tolerante con la ambivalencia o con la afiliación múltiple. Los individuos que son simultáneamente ingleses, británicos, europeos y que tienen algún sentido general de ciudadanía global pueden considerar a alguna de estas como su identidad dominante, pero esto no ha de evitar necesariamente que acepten también las otras[341].

Al ser una filosofía política que aspira a ser global, la tercera vía trata de promover una integración mundial. Uno de los frentes fundamentales en este campo es la promoción de la «democracia transnacional»:

> El desarrollo de la globalización entre los Estados puede dispararse con la construcción de formas transnacionales de democracia. Tomarse la globalización en serio significa que la demo-

---

339 *Ibid.,* p. 150.
340 GIDDENS, A., *La tercera vía y sus críticos,* p. 64.
341 GIDDENS, A., *La tercera vía,* pp. 154-155.

cratización no puede limitarse al ámbito nacional. Pretender la construcción de instituciones democráticas por encima del ámbito nacional no es un objetivo utópico[342].

Ejemplo paradigmático de este proceso es la Unión Europea, en la que Giddens ve una cabeza de puente hacia un sistema democrático mundial: «Las normas y estándares del comportamiento internacional, especialmente las que se refieren a los derechos humanos y al derecho humanitario, deben generalizarse»[343].

5. ¿UN PROYECTO AMORFO O FUENTE DE INSPIRACIÓN?

Aunque el concepto de tercera vía se utilizó a lo largo del siglo xx, fue en 1998 cuando comenzó a gozar de un prestigio casi mítico. En su nueva versión, apadrinada por los socialdemócratas Tony Blair y Bill Clinton, parecía que se iba a convertir en la ideología del futuro. Sin embargo, cinco años después, apenas quedaban líderes políticos dispuestos a defender esta causa. El propio Blair dejó de utilizar el término «tercera vía» a partir de 2001. Lo mismo le ocurrió a Clinton: en la campaña electoral de 2000, el candidato demócrata puso la atención en asuntos cotidianos de la política nacional y dejó a un lado las teorías sobre la nueva gobernanza.

¿Cómo se explica el declive de esta filosofía política en tan poco tiempo? El sociólogo norteamericano Andrew Leigh, profesor en el John F. Kennedy School of Government de la Universidad de Harvard, señala dos posibles causas. La primera apunta a factores electorales: en cinco de los principales países defensores de la tercera vía (Estados Unidos, Gran Bretaña, Alemania, Italia y Australia), los resultados en las urnas provocaron un cambio de discurso político que llevó a aparcar la retórica de la tercera vía. Quizá el caso

---

342 GIDDENS, A., *La tercera vía y sus críticos*, pp. 170-171.
343 *Ibid.*, pp. 172-173.

más llamativo es el del Partido Laborista británico: tras el varapalo que sufrió en las elecciones europeas de 1999, Blair optó por presentar a las elecciones nacionales de 2001 un programa mucho más pragmático, centrado en cuestiones como la salud o la educación. La segunda causa mira a ciertos fallos inherentes a la política de la tercera vía. Para Leigh, esta filosofía ofrece pocas soluciones concretas a los responsables políticos que deben adoptar decisiones complejas en el día a día.

> Pensemos, por ejemplo, en algunos retos a los que se han de enfrentar los demócratas en Estados Unidos. ¿A cuántos inmigrantes hay que dejar entrar en el país? ¿Cómo se puede mejorar la calidad de la enseñanza de los vecindarios más pobres? ¿Es apropiado restringir las libertades civiles para prevenir el terrorismo? Resulta difícil que los principios de la tercera vía puedan decirnos algo sobre estos problemas, en un sentido u otro[344].

La explicación de Leigh está en sintonía con el principal argumento que esgrimen los críticos de la tercera vía, a saber: que se trata de «un proyecto político amorfo, difícil de concretar y sin dirección»[345]. Lo ha expresado muy bien el sociólogo Ralf Dahrendorf, predecesor de Giddens en la London School of Economics: la tercera vía –dice– es una política que habla de la necesidad de apuestas duras, pero que después las elude tratando de agradar a todo el mundo. Hay una gran pregunta que hoy afrontamos todos, afirma: ¿cómo podemos combinar solidaridad social y prosperidad sostenible dentro de las instituciones que garantizan la libertad? Pero la gran respuesta no existe[346]. En la misma línea, Steven Tales se ha referido a la tercera vía como «una obra maestra de la ambigüedad»[347].

---

344 LEIGH, A. (2003), «The Rise and Fall of the Third Way», *AQ: Journal of Contemporary Analysis*, vol. 75, núm. 2, marzo-abril, pp. 10-15.

345 GIDDENS, A., *La tercera vía y sus críticos*, p. 32.

346 Véase DAHRENDORF, R. (1999), «Whatever happened to liberty?», *New Statesman*, 6 septiembre, pp. 25-27.

347 TALES, S. M., «An Apologia of the Third Way». Comunicación presentada en una reunión de la American Political Science Association.

Ciertamente, la crítica de Dahrendorf se podría aplicar sin problemas tanto a la propuesta de tercera vía defendida por Mannheim como a la de Giddens. Ambas tienen en común la misma «irritante ambigüedad» que Edward Shils echó en cara al sociólogo húngaro[348]. No obstante, podemos preguntarnos si esa ambigüedad tiene que ser necesariamente irritante: ¿no podríamos verla también como la razón del encanto de la política de la tercera vía? A fin de cuentas, la gran pregunta que plantea Dahrendorf en el artículo citado –cómo combinar la solidaridad y la prosperidad dentro de un marco de instituciones que garanticen la libertad– es lo suficientemente abstracta como para no admitir una respuesta definitiva y cerrada.

Tanto Mannheim como Giddens se mueven bien en el terreno de la teoría política. Ambos emplean términos que fueron revolucionarios en su tiempo («planificación para la libertad» y «democracia militante», el primero; «centro radical» e «igualdad inclusiva», el segundo). Y aunque algunas de sus recetas hubieran precisado de una mayor concreción, no cabe duda de que han servido de guía a muchos políticos e intelectuales durante las últimas décadas.

Aquí reside, según el sociólogo Amitai Etzioni, el mérito de este nuevo paradigma sociopolítico: «Indica la dirección que debemos seguir, pero no cae en el adoctrinamiento ni es un sistema ideológico rígido»[349]. Precisamente, una de las principales enseñanzas que podemos extraer de las propuestas de Mannheim y de Giddens es que la tarea de reconstruir la sociedad requiere algo más que meras soluciones técnicas: los valores y los principios, necesariamente abstractos, han de iluminar y servir como término de orientación a medidas políticas concretas.

---

348 Véase SHILS, E. (1975), «Mannheim Karl», *Enciclopedia Internacional de las Ciencias Sociales*, vol. 6, Madrid, Aguilar, p. 747.

349 ETZIONI, A. (2001), *La tercera vía hacia una buena sociedad. Propuestas desde el comunitarismo*, prólogo de José Pérez Adán, traducción de José Antonio Ruiz San Román, Madrid, Trotta, p. 19.

Por otra parte, ambos autores tienen el mérito de haber llamado la atención sobre ciertos temas centrales del debate político: la colaboración entre el Estado y la sociedad civil; el equilibrio entre los derechos individuales y las responsabilidades sociales; el fortalecimiento de las comunidades, en armonía con el Estado y el mercado, etc.

Aunque la tercera vía tiene perfiles difusos, el hecho de que esas preocupaciones estén presentes en la agenda de la mayoría de los partidos políticos de nuestro entorno, tanto de izquierdas como de derechas, es un logro nada desdeñable.

VALORACIÓN FINAL

A lo largo de estas páginas, he analizado el período inglés (1933-1947) de Karl Mannheim desde una perspectiva concreta: la relación entre democracia y valores. Pese a que el sociólogo húngaro dedicó a esta cuestión sus años de madurez, ha recibido menos atención que otros aspectos de su obra. Hoy por hoy, Mannheim sigue siendo apreciado fundamentalmente por su libro *Ideología y utopía* (1929), pero apenas se conoce su evolución posterior. Y entre los que sí nos hemos ocupado de ella, no todos ponemos el acento en las mismas cuestiones.

Cuando Mannheim escribe sobre la necesidad de «planificar para la libertad» no está hablando en primer lugar de economía, por mucho que la puesta en marcha del Estado social sea una de sus prioridades. En mi opinión, el núcleo duro de su proyecto de reconstrucción social reside en los valores. Esta afirmación está en sintonía con el gran objetivo que empieza a perseguir en los años inmediatamente anteriores a la Segunda Guerra Mundial: rehacer al hombre para reconstruir la sociedad. Desde esta perspectiva, se comprende que la sección más larga de su obra póstuma *Libertad, poder y planificación democrática* se titule: «Hombres nuevos, valores nuevos».

Como he explicado en el capítulo 6, la propuesta mannheimiana de «planificar para la libertad» no es algo definitivo y cerrado, sino que se va perfilando a lo largo de su etapa inglesa. Si en *Libertad y planificación social* (1935), la prioridad de Mannheim es hacer frente a la ola de irracionalismo que ha traído la sociedad de masas, en *Diagnóstico de nuestro tiempo* (1943) pone el foco en el compromiso con los valores, la educación y la religión. Ahora el protagonismo recae sobre el concepto de «democracia militante».

A estas dos obras siguió *Libertad, poder y planificación democrática* (1950), en la que Mannheim se moja con muchas medidas políticas concretas. Y es muy probable que fuera entonces cuando provocara la estampida de algunos de sus discípulos. Como dijo la socióloga de la educación Jean Floud, admiradora de Mannheim durante unos años, al sociólogo húngaro probablemente le hubiera ido mejor si hubiera continuado «tratando de entender y diagnosticar en vez de planificar y legislar»[350].

Pero Mannheim acertó a plantear cuestiones importantes. Una de sus tesis más prometedoras para el debate político contemporáneo es la que defiende que el mejor Estado no es el que ofrece una vida bajo un régimen de *laissez faire*, sino el que toma partido por una concepción sustantiva de la democracia y se compromete (a través de la educación y la cultura, principalmente) con la defensa de un sistema de valores, a veces con contenidos éticos concretos. Lo que, a su juicio, pasa por alejarse del liberalismo de corte relativista e individualista.

Este planteamiento rechina a quienes consideran que el Estado ha de mantenerse neutral respecto de las distintas concepciones del bien que compiten en una sociedad, y limitarse a garantizar la libertad y la tolerancia.

Los liberales hacen bien en escrutar las ideas de Mannheim, pero no deberían olvidar que el sociólogo húngaro quiere lo mismo que ellos: defender a la democracia de sus enemigos y hacerlas más fuertes frente a los totalitarismos. Sus métodos, ciertamente, no siempre son liberales, pero eso no significa que sean antidemocráticos. Este es, en mi opinión, uno de los grandes debates que anticipó Mannheim y que ha reabierto ahora el posliberalismo (ver capítulo 4).

---

350 FLOUD, J. (1959), «Karl Mannheim (1893-1947)», en A. V. Judges (ed.), *The Function of Teaching*, Londres, p. 62.

Por otra parte, en distintos momentos del libro he defendido que algunas de las propuestas de Mannheim no son muy diferentes de la realidad cotidiana que se vive en las democracias liberales contemporáneas. Esto no necesariamente habla bien de Mannheim; más bien, sugiere que nuestras democracias liberales no son ese reino puro de neutralidad que dicen ser. Si estas son las reglas del juego, hay que volver a preguntarse hasta qué punto tiene sentido seguir afirmando como un dogma incontestable que un Estado democrático no tiene *nada* que decir frente a toda discusión acerca de lo bueno y de lo verdadero. Lo que no significa que tenga que decirlo *todo*, como quieren los totalitaristas, no Mannheim.

Quizá el mayor reproche que se pueda hacer al sociólogo húngaro es que, para él, todo el orden social y político parece tener un mero valor instrumental; todo, desde la educación hasta la religión, parece estar supeditado a su plan de reconstrucción social y de resistencia frente al totalitarismo, como si el bien común de la sociedad pudiera identificarse con sus loables propósitos o el de cualquier otro bienintencionado planificador.

Frente a este planteamiento, resulta más convincente el enfoque de Juan Pablo II en la encíclica *Centesimus Annus* (1991). El Papa polaco no solo prevenía frente al relativismo ético de quienes no se atreven a tomar partido, sino también frente al de quienes toman *demasiado* partido y terminan imponiendo al resto su propia idea de la verdad y el bien, un atropello en el que pueden caer los integristas de todos los colores, incluidos los posliberales que no se tomen en serio el pluralismo democrático.

Para evitar los dos extremos –el «relativismo escéptico» y el totalitario «que cree poder realizar en la historia el bien absoluto y se erige por encima de todos los valores»– ofrecía el mismo criterio:

Una auténtica democracia es posible solamente en un Estado de derecho y sobre la base de una recta concepción de la persona humana. (...)

Si no existe una verdad última, la cual guía y orienta la acción política, entonces las ideas y las convicciones humanas pueden ser instrumentalizadas fácilmente para fines de poder. Una democracia sin valores se convierte con facilidad en un totalitarismo visible o encubierto, como demuestra la historia[351].

---

351 Juan Pablo II, *Centesimus Annus,* núm. 46, 1 mayo 1991.

BIBLIOGRAFÍA

1. OBRAS DE KARL MANNHEIM[352]

«Karl Mannheim's Letters to Lukács, 1910-1916», Eva Gabor (ed.), *New Hungarian Quarterly*, núm. 16, 1975, pp. 93-105.

Lélek és *Kultúra*, Gyula Benkö, Budapest, 1918. Traducción al alemán de Ernst Mannheim y reimpreso como «Seele und Kultur», en Karl Mannheim, *Wissenssoziologie*, edición de Kurt H. Wolf, Luchterhand, Neuwied, 1970, pp. 66-84.

«Beiträge zur Theorie der Weltanschauungs-Interpretation», *Jahrbuch* für *Kunstgeschichte*, vol. 15, núm. 4, 1921-22, pp. 236-274. Reimpreso como «On the interpretation of *Weltanschauung*», en Karl Mannheim, *Essays on the Sociology of Knowledge*, edición de Paul Kecskementi, Routledge & Kegan Paul, Londres, 1952, pp. 33-83.

«Die Strukturanalyse der Erkenntnistheorie», *Kantstudien*, núm. 57, Berlín, 1922. Reproducido en Karl Mannheim, *Wissenssoziologie, op. cit.*, pp. 166-245. Traducido al in-

---

352 Para elaborar este apartado de la bibliografía, he utilizado las siguientes obras: SÁNCHEZ DE LA YNCERA, I. (1993), «La obra de Karl Mannheim. Una compilación actualizada de sus escritos más relevantes», *Revista Española de Investigaciones Sociológicas*, núm. 62, abril-junio, pp. 245-253; REMMLING, G. W. (1982), *La sociología de Karl Mannheim*, traducción de Rafael Lassaleta, México, Fondo de Cultura Económica; LOADER, C. (1985) *The Intellectual Development of Karl Mannheim: Culture, Politics and Planning*, Cambridge University Press; WOLDRING, H. E. S. (1985), *Karl Mannheim: The Development of his Thought*, Nueva York, Saint Martin Press.

glés como «Structural Analysis of Epistemology», en Karl Mannheim, *Essays on Sociology and Social Psychology*, edición de Paul Kecskemeti, Londres, Routledge & Kegan Paul, 1953, pp. 15-63. Versión española: «Análisis estructural de la epistemología», en Karl Mannheim, *Ensayos sobre sociología y psicología social*, México, Fondo de Cultura Económica, 1963, pp. 21-84.

«Zum Problem einer Klassifikation der Wissenschaften», *Archiv für Sozialwissenschaft und Sozialpolitik*, vol. 50, núm. 1, 1922, pp. 230-237. Reimpreso en Karl Mannheim, *Wissenssoziologie*, pp. 155-165.

«Historismus», *Archiv für Sozialwissenschaft und Sozialpolitik*, vol. 52, núm. 1, 1924, pp. 246-307. Reimpreso como «Historicism», en *Essays on the Sociology of Knowledge*, pp. 84-133. Versión española: «El historicismo», en G. W. Remmling (comp.), *Hacia la sociología del conocimiento*, México, Fondo de Cultura Económica, 1982, pp. 141-157.

«Eine soziologische Theorie der Kultur und ihre Erkennbarkeit (Konjunktives und Kommunikatives Denken)». Reproducido en Karl Mannheim, *Strukturen des Denkens*, edición de David Kettler, Volker Meja y Nico Sther, Frankfurt am Main, Suhrkamp, 1980, pp. 155-322. Traducido al inglés como «A Sociological Theory of Culture and its Knowability (Conjunctive and Communicative Thinking)», en Karl Mannheim, *Structures of Thinking*, edición de David Kettler, Volker Meja y Nico Sther, Routledge & Kegan Paul, Londres, 1982, pp. 141-288.

«Das Problem einer Soziologie des Wissens», *Archiv für Sozialwissenschaft und Sozialpolitik*, vol. 53, núm. 3, 1925, pp. 577-652. Reproducido en Karl Mannheim, *Wissenssoziologie*, pp. 246-307. Traducido al inglés como «The Problem of a Sociology of Knowledge», en Karl Mannheim, *Essays on the Sociology of Knowledge*, pp. 134-190. Versión española: Karl

Mannheim, *El problema de una sociología del saber*, traducida del alemán y presentada por J. C. Gómez Muñoz, Tecnos, Madrid, 1990, pp. XIX-XLIII.

«Ideologische und soziologische Interpretation der geistigen Gebilde», *Jahrbuch für Soziologie*, vol. II, pp. 424-440. Reproducido en Karl Mannheim, *Wissenssoziologie*, pp. 388-407. Traducido al inglés como «The Ideological and the Sociological Interpretation of Intellectual Phenomena», en Kurt H. Wolf (ed.), *From Karl Mannheim*, pp. 116-131.

«Das Konservative Denken», *Archiv für Sozialwissenschaft und Sozialpolitik*, vol. 57, núm. 1, 1927, pp. 68- 142; vol. 57, núm. 2, pp. 470-495. Reproducido en Karl Mannheim, *Wissenssoziologie*, pp. 408-505. Traducido al inglés como «Conservative Thought», en K. Mannheim, *Essays on Sociology and Social Psychology*, pp. 74-164. Versión española: «El pensamiento conservador», en Karl Mannheim, *Ensayos sobre sociología y psicología social*, pp. 84-183.

«Das Problem der Generationen», *Kölner Vierteljahreshefte für Soziologie*, vol. 7, núm. 2, 1928, pp. 157-185; núm. 3, pp. 309-330. Reeditado en Karl Mannheim, *Wissenssoziologie*, pp. 509-565. Traducido al inglés como «The Problem of Generations», en Karl Mannheim, *Essays on the Sociology of Knowledge*, pp. 276-322. Versión española de I. Sánchez de la Yncera: «El problema de las generaciones», en *Revista Española de Investigaciones Sociológicas*, núm. 62, abril-junio 1993, pp. 193-242.

«Die Bedeutung der Konkurrenz im Gebiete des Geistigen», 1929, en Kurt H. Wolf (ed.), *Wissenssoziologie*, pp. 566-613. Traducido al inglés como «Competition as a Cultural Phenomenon», en Karl Mannheim, *Essays on the Sociology of Knowledge*, pp. 191-229.

Ideologie und Utopie, Friedrich Cohen, Bonn, 1929. Aumentada y traducida al inglés como *Ideology and Utopia*, edición de Louis Wirth y Edward Shils, Routledge & Kegan Paul Londres,

1936. Existen dos traducciones españolas de la versión ingle-
sa: una, de Salvador Echavarría, *Ideología y utopía*, Fondo de
Cultura Económica, México, 1941; y la otra, de Eloy Terrón,
Aguilar, Madrid, 1973.

«Zur Problematik der Soziologie in Deutschland», 1929, en Karl
Mannheim, *Wissenssoziologie*, pp. 614-624. Traducido al in-
glés como «Problems of Sociology in Germany», en Kurt H.
Wolf (ed.), *From Karl Mannheim*, pp. 262-270.

«Über die Eingliederung der Erforschung des Zeitungswesen
in die Universitäts Wissenschaft», 1929, *Zeitungs Verlag und
Zeitschriften Verlag*, núm. 22, pp. 20-21.

«Über das Wesen und die Bedeutung des wirtschaftlichen Erfolg
Strebens; ein Beitrag zur Wirtschaftssoziologie», *Archiv für
Sozialwissenschaft und Sozialpolitik*, núm. 63, 1930, pp. 449-512.
Reproducido en Karl Mannheim, *Wissenssoziologie*, pp. 625-687.
Traducido al inglés como «On the Nature of Economic Ambition
and its Significance for the Social Education of Man», en Karl
Mannheim, *Essays on the Sociology of Knowledge*, pp. 230-275.

Correspondencia con Louis Wirth, 17 nov. 1930-19 abril 1942.
Chicago, University of Chicago Library.

Die Gegenwartsaufgaben der Soziologie: Ihre Lehrgestalt, J. C. B.
Mohor, Tübingen, 1932.

«American Sociology», en *The American Journal of Sociology*,
vol. 38, núm. 2, 1932, pp. 272 282. Reproducido en Karl
Mannheim, *Essays on Sociology and Social Psychology*, pp.
185-194. Versión española: «Sociología norteamericana», en
Karl Mannheim, *Ensayos sobre sociología y psicología social*,
pp. 205-214.

«Die Geistige Krise im Lichte der Soziologie», *Stuttgarter Nenes
Tageblatt*, 31 diciembre 1932.

Correspondencia con Oszkár Jászi, 16 enero 1933-8 noviembre 1936. *Jászi Papers*, Columbia University, Nueva York.

«German Sociology (1918-1933)», 1934, en Karl Mannheim, *Essays on Sociology and Social Psychology*, pp. 209-228. Versión española: «Sociología alemana», en Karl Mannheim, *Ensayos sobre sociología y psicología social*, México, Fondo de Cultura Económica, 1963, pp. 230-250.

Papeles no publicados, Archivos de la Universidad de Keele, Inglaterra, 1934-36.

«Ernst Troeltsch», en *Encyclopaedia of the Social Sciences*, vol. XV, E. R. A. Seligman y A. Johnson (eds.), New York, Macmillan, 1935, pp. 106-107.

«Utopy», en *Encyclopaedia of the Social Sciences*, pp. 200-203.

Mensch und Gesellschaft im Zeitalter des Umbaus, A. W. Sjthoff, Leiden, 1935. Traducción española de Francisco Ayala: *El hombre y la sociedad en la época de crisis*, Editorial Revista de Derecho Privado, Madrid, 1936.

«A Few Concrete Examples Concerning the Sociological Nature of Human Valuations», *World University Service*, Londres, 1936. Reproducido en Karl Mannheim, *Essays on Sociology and Social Psychology*, op. cit., pp. 231-242. Versión española: «Algunos ejemplos concretos relativos al carácter sociológico de las valoraciones humanas», en Karl Mannheim, *Ensayos sobre sociología y psicología social*, pp. 253-274.

«Ferdinand Tönnies», *Sociological Review*, vol. XXVIII, núm. 3, 1936, pp. 313-314.

«Zur Diagnose unserer Zeit», *Mass und Wert*, núm. 1, 1937, pp. 100-121. Traducido al inglés como «On the Diagnosis of Our Time», en Karl Mannheim, *From Karl Mannheim*, pp. 350-366.

«Planned Society and the Problem of Human Personality: A Sociological Analysis». Cuatro conferencias recogidas en Karl Mannheim, *Essays on Sociology and Social Psychology*, pp. 253-310. Versión española: «La sociedad planeada y el problema de la personalidad humana: un análisis sociológico», en Karl Mannheim, *Ensayos sobre sociología y psicología social*, op. cit., pp. 275-337.

«Mass Education and Group Analysis», en R. Cohen y R. M. Travers, *Educating for Democracy*, Londres, 1939, pp. 329-364.

«Adult Education and the Social Sciences», *Tutors Bulletin of Adult Education*, núm. 20, 1939, pp. 27-34.

«The History of the Concept of the State as an Organism: A Sociological Analysis». Clase impartida en la Universidad de Cambridge, 20 enero 1939. Recogida en Karl Mannheim, *Essays on Sociology and Social Psychology*, pp. 165-182.

Man and Society in an Age of Reconstruction, Routledge & Kegan Paul, Londres, 1940. Se trata de una versión expresamente adaptada al público anglosajón de *Mensch und Gesellschaft im Zeitalter des Umbaus*. Versión española de Rubén Landa: *Libertad y planificación social*, Fondo de Cultura Económica, México, 1942.

«Über die durch dem Krieg verursachten Anderung in unserer psychischen Ökonomie», *Internationale Zeitschrift für Psychoanalyse und Imago*, núm. 15, 1940, p. 314. Traducido al inglés como «On War-Conditioned Changes in Our Psychic Economy», en Karl Mannheim, *Essays on Sociology and Social Psychology*, pp. 243-251. Versión española: «Sobre los cambios de nuestra economía psíquica condicionados por la guerra», en Karl Mannheim, *Ensayos sobre sociología y psicología social*, pp. 265-274.

«Planning for Freedom», *Times Educational Supplement*, 5 septiembre 1942, Parte I: «Social Techniques in a Mass Society», p. 433, y Parte II: «The Necessity of Social Justice», p. 443.

Diagnosis of Our Time: Wartime Essays of a Sociologist, Routledge & Kegan Paul, Londres, 1943. Traducción española de José Medina Echevarría: *Diagnóstico de nuestro tiempo*, México, Fondo de Cultura Económica, 1944.

«Democratic Planning and the New Science of Society», en J. R. M. Brumwell (ed.), *This Changing World*, Londres, 1944, pp. 71-82.

«Sociology for the Educator and the Sociology of the Education», 1944, en D. Dymes (ed.), *Sociology and Education*, Le Play House Press, Londres, pp. 4-9.

«The Meaning of Popularization in a Mass Society», *Christian Newsletter*, núm. 227, 7 febrero 1945, pp. 7-12.

«The Function of the Refugee», *New English Weekly*, núm. 27, 19 abril 1945, pp. 5-6.

«Die Rolle der Universitäten», *The Allied Information Service*, vol. I, núm. 4, 1945-46, pp. 49-53.

«Foreword», en V. KLEIN, *The Feminine Character: History of an Ideology*, Routledge & Kegan Paul, Trench, Trubner & Co., Londres, 1946, pp. VII-XIV.

«Max Weber», en *Enciclopedia Británica*, London, Willan Benton (1957-1969), vol. XXIII.

Freedom, Power and Democratic Planning, edición de Hans Gerth y Ernest K. Bramstedt, Oxford University Press, Nueva York, 1950; Routledge & Kegan Paul, Londres, 1951. Traducción española de Manuel Durán Gili: *Libertad, poder y planificación democrática*, Fondo de Cultura Económica, México, 1953.

Essays on the Sociology of Knowledge, edición de Paul Kecskementi, Routledge & Kegan Paul, Londres, 1952.

Essays on Sociology and Social Psychology, edición de Paul Kecskementi, Routledge & Kegan Paul, Londres, 1953. Versión española: *Ensayos sobre sociología y psicología social*, México, Fondo de Cultura Económica, 1963.

Essays on the Sociology of Culture, edición de Ernest Mannheim y Paul Kecskementi, Routledge & Kegan Paul, Londres, 1956. Versión española de Manuel Suárez: *Ensayos de sociología de la cultura*, Aguilar, Madrid, 1963.

Systematic Sociology: An Introduction to the Study of Society, Oxford University Press, Nueva York, 1956; Routledge & Kegan Paul, Londres, 1957. Edición de J. S. Erös y W. A. C. Stewart. Traducción española de Luis Legaz Lacambra: *Sociología sistemática. Introducción al estudio de la sociedad*, Editorial Revista de Derecho Privado, Madrid, 1960.

An Introduction to the Sociology of Education, Routledge & Kegan Paul, Londres; Humanities Press, Nueva York, 1962. Edición de Karl Mannheim y W. A. C. Stewart. Traducción española de J. M. López-Cepero: *Introducción a la sociología de la educación*, Editorial Revista de Derecho Privado, Madrid, 1966.

Wissenssoziologie: Auswahl aus der Werk, edición de Kurt H. Wolff, Hermann Luchterhand, Berlín y Neuwied, 1964. Traducido al inglés por Louis Wirth y Edward Shils, en *Ideology and Utopia*, Londres, Routledge & Kegan Paul, 1936, pp. 264- 331. Versión española: «Sociología del conocimiento», en Karl Mannheim, *Ideología y utopía. Introducción a la sociología del conocimiento*, Madrid, Aguilar, 2ª ed., 1966.

From Karl Mannheim, edición de Kurt H. Wolff, Oxford University Press, Nueva York, 1971.

2. OBRAS SOBRE KARL MANNHEIM

ABERCROMBIE, Nicholas y LONGHURST, Brian, «Interpreting Mannheim», *Theory, Culture and Society*, núm. 2, enero, 1983, pp. 5-15.

ADORNO, Theodor W., «Über Mannheims Wissenssoziologie», *Aufklärung*, vol. II, 1953, pp. 224-236.

ALBINI, Joseph L., «Crisis or Reconstruction: Mannheim's Alternatives for the Western Democracies», *Sociological Focus*, vol. 3., núm. 3, primavera, 1970, pp. 63-71.

ALARCÓN, Víctor, «Karl Mannheim: un diagnóstico para nuestro tiempo», en Gina Zabludovsky (coord.), *Teoría sociológica y modernidad. Balance del pensamiento clásico*, Plaza y Valdés, México D. F., 1998, pp. 251-282.

ÁLVAREZ URÍA, Fernando, «Sociología y libertad: el debate entre Friedrich Hayek y Karl Mannheim sobre el estatuto del mercado en la sociedad», *Arxius de sociología*, núm. 12-13, 2005, pp. 13-40.

ASCOLI, Max, «On Mannheim's *Ideology and Utopia*», *Social Research*, vol. V, núm. 1, febrero, 1938, pp. 101-106.

BARTOLOMEI, Giangaetano, *L'unità del sapere in Karl Mannheim (Sociologia del sapere ed epistemologia)*, CEDAM, Padua, 1968.

BLANCO, Alejandro, «Karl Mannheim en la formación de la sociología moderna en América Latina», *Estudios Sociológicos*, vol. XXVII, núm. 80, mayo-agosto, 2009, pp. 393-431, El Colegio de México, A.C., Distrito Federal, México.

BOGARDUS, Emory S., «Mannheim and Social Reconstruction», *Sociology and Social Research*, vol. 32, septiembre-octubre, 1947, pp. 548-557.

— «Mannheim and Systematic Sociology», *Sociology and Social Research*, vol. 41, núm. 2, enero-febrero, 1959, pp. 213-217.

BOSKOFF, Alvin, «Karl Mannheim: Theories of Social Manipulation in Transitional Society», en Alvin Boskoff, *Theory in Ame-*

rican Sociology: Major Sources and Applications, Thomas Y. Crowell, Nueva York, 1969, pp. 159-181.

BRAMSTED, Ernest K. y GERTH, Hans, «Nota sobre la obra de Karl Mannheim», en Karl Mannheim, *Libertad, poder y planificación democrática*, 2ª reimpresión española, México, Fondo de Cultura Económica, 1974.

CABRERA DÍAZ, Fernando, *Educación y propaganda en la sociedad de masas desde la perspectiva de Karl Mannheim*, tesis presentada en la Facultad de Ciencias Políticas y Sociología, Universidad Complutense de Madrid, 1983.

CARDÚS I ROS, Salvador, «Notas para una lectura actualizada de *Ideología y utopía*», *Revista Española de Investigaciones Sociológicas*, núm. 62, abril-junio, 1993, pp. 123-131.

COOMBS, Robert H., «Karl Mannheim, Epistemology and the Sociology of Knowledge», *Sociological Quarterly*, vol. 7, núm. 2, primavera, 1966, pp. 229-233.

COOPER, Charles L., *The Hindu Prince: A Sociological Biography of Karl Mannheim 1893-1947*, University of Illinois, Urbana, s. f.

COSER, Lewis A., «Karl Mannheim 1893-1947», en L. A. Coser, *Masters of Sociological Thought: Ideas in Historical and Social Context*, Harcourt Brace Jovanovich, Nueva York, 1971, pp. 429-463.

CORRADINI, Domenico, *Karl Mannheim*, Dott. A. Giufre Editores, 1976.

EISERMANN, Gottfried, «Ideologie und Utopie: Aus Anlass der dritten Auflage von Karl Mannheim Buch», *Kölner Zeitschrift für Soziologie und Sozialpsychologie*, vol. 5, núm. 4, 1953, pp. 526-534.

ENDREB, Martin, y SRUBAR, Ilja (eds.), *Karl Mannheims Analyse der Moderne*, Opladen, 2000.

FLOUD, Jean, «Karl Mannheim (1893-1947)», en A. V. Judges (ed.), *The Function of Teaching*, Londres, 1959, pp. 40-66.

— «Karl Mannheim», en T. Raison (ed.), *The Founding Fathers of Social Science*, Scholar Press, Londres, 1979, pp. 272-283.

GÁBOR, Éva, *Mannheim Karolyi levelezése. 1911-1946*, Argumentum Kiadó, Budapest, 1996.

GHIARDO, Felipe, «Generaciones y juventud: una relectura desde Mannheim y Ortega y Gasset», *Última Década*, núm. 20, CIDPA Viña del Mar, 2004, pp. 11-46.

GLUCK, Samuel E., «The epistemology of Mannheim´s sociology of knowledge», *Methods*, vol. 6, núm. 23, 1954, pp. 225-234.

GÓMEZ MUÑOZ, Jesús Carlos, «Estudio preliminar», en Karl Mannheim, *El problema de una sociología del saber*, Tecnos, Madrid, 1990, pp. IX-XLIII.

— *La sociología del conocimiento y el problema de la objetividad en Mannheim*, tesis presentada en la Facultad de Filosofía y Ciencias de la Educación, Universidad Complutense de Madrid, 1991.

— «El retorno de la sociología del conocimiento de Mannheim a una epistemología de corte weberiano», *Revista Española de Investigaciones Sociológicas*, núm. 62, abril-junio, 1993, pp. 45-59.

GONZÁLEZ GARCÍA, José M., «Reflexiones sobre 'El pensamiento conservador' de Karl Mannheim», *Revista Española de Investigaciones Sociológicas*, núm. 62, abril-junio, 1993, pp. 61-81.

HEKMAN, Susan, «Re-interpreting Mannheim», *Theory, Culture and Society*, vol. 3, núm. 1, 1986, pp. 137-142.

HINSHAW, Virgil G., «The epistemological relevance of Mannheim's sociology of knowledge», *Journal of Philosophy*, vol. 40, núm. 3, febrero, 1943, pp. 57-72.

HOSSFELD, Paul, «Historismus und Wissenssoziologie bei Karl Mannheim», *Sociologia Internationalis*, vol. III, núm. 2, 1965, pp. 230-238.

JAY, Martin, «The Frankfurt School's Critique of Karl Mannheim and the Sociology of Knowledge», en J. Bernstein (ed.), *The Frankfurt School: Critical Assessments*, Routledge, Londres, 1974, pp. 175-190.

JUAN MARTÍN, Ángel de, *Ideología y utopía de Mannheim*, tesis presentada en la Facultad de Derecho, Universidad de Salamanca, 1959.

JUNCOSA CARBONELL, Arturo, *La Sociología del conocimiento en K. Mannheim*, Publicaciones de la Universidad de Barcelona, Barcelona, 1975.

KARÁDI, Éva y VEZÉR, Erzsébet, *Georg Lukács, Karl Mannheim und der Sonntagskreis*, Sendler, Frankfurt/Main, 1985.

KETTLER, David, *Marxismus und Kultur: Mannheim und Lukács in den ungarischen Revolutionem 1918/19*, Luchterhand Verlag, Berlín, 1967.

— «Sociology of knowledge and moral philosophy: the place of traditional problem in the formation of Mannheim's thought», *Political Science Quarterly*, vol. LXXXII, núm. 3, septiembre, 1967, pp. 399-426.

KETTLER, David y MEJA, Volker, «Schattenseiten einer erfolgreichen Emigration: Karl Mannheim im englischen Exil», en *Exilforschung. Ein internationales Jahrbuch*, vol. 5, Munich, 1987, pp. 170-195.

— «Their "Own Peculiar Way": Karl Mannheim and the Rise of Women», *International Sociology*, vol. 8, núm. 1, marzo de 1993, pp. 5-55.

— *Karl Mannheim and the Crisis of Liberalism*, Transaction, New Brunswick, 1995.

— «Karl Mannheim and the Sociology of Knowledge», en George Ritzer y Barry Smart (eds.), *Handbook of Social Theory*, Sage, Londres, 2003, pp. 100-101.

— «Karl Mannheim's Jewish Question. History, Sociology and the Epistemics of Reflexivity», en *Simon Dubnow Institute Yearbook*, Vandenhoeck & Ruprechet, Göttingen, 2004, pp. 325-347.

— «Karl Mannheim. 1893-1947», en John Scott (ed.), *Fifty Key Sociologists: The Formative Theorists*, Routledge, Londres, 2006.

KETTLER, David; MEJA, Volker; y STEHR, Nico, «Rationalizing the Irrational: Karl Mannheim and the Besetting Sin of German Intellectuals», *American Journal of Sociology*, vol. 95, núm. 6, mayo, 1990, pp. 1441-1473.

—*Karl Mannheim*, traducción de Francisco González Aramburu, 1ª reimp. española, Fondo de Cultura Económica, México, 1995.

KLINGEMANN, Carsten, «Debatte um Soziologie und National-sozialismus», en Martin Endreb y Ilja Srubar (eds.), *Karl Mannheims Analyse der Moderne*, Opladen, 2000, pp. 213-237.

KUDOMI, Yoshiyuki, «Karl Mannheim in Britain: An Interim Research Report», *Hitotsubashi Journal of Social Studies*, vol. 28, núm. 2, diciembre, 1996, pp. 43-56.

KURLBERG, Jonas, *Christian Modernism in an Age of Totalitarianism: T. S. Eliot, Karl Mannheim and the Moot*, Bloomsbury Academic, 2019.

LAMO DE ESPINOSA, Emilio, «La crisis del positivismo clásico y los orígenes de la sociología del conocimiento en Karl Mannheim», en *Libro Homenaje a Luis Rodríguez-Zúñiga*, coord. por Juan Salcedo, Carlos Moya, Alfonso Pérez-Agote, José Félix Tezanos, Centro de Investigaciones Sociológicas, Madrid, 1992, pp. 565-602.

— «En el centenario de Karl Mannheim (1893-1947)», *Revista Española de Investigaciones Sociológicas*, núm. 62, abril-junio, 1993, pp. 7-13.

— «Mannheim, Karl» en Salvador Giner, Emilio Lamo de Espinosa y Cristóbal Torres (eds.), *Diccionario de Sociología*, Madrid, Alianza, 1998, pp. 449-450.

LAUBE, Reinhard, *Karl Mannheim und die Krise des Historismus*, Vandenhoeck & Ruprecht, Göttingen, 2004.

LAVINE, Thelma Z., «Karl Mannheim and contemporary functionalism», *Philosophy and Phenomenological Research*, vol. 25, núm. 4., junio, 1965, pp. 560-571.

LOADER, Colin, *The Intellectual Development of Karl Mannheim: Culture, Politics and Planning*, Cambridge University Press, New York, 1985.

LOADER, Colin y KETTLER, David, *Karl Mannheim's Sociology as Political Education*, Transaction, New Brunswick, 2002.

LORA, Cecilio de, «Mannheim y Toynbee en relación a la situación de cambio social», *Revista Internacional de Sociología*, vol. 19., núm. 76, 1961, pp. 467-470.

LOWY, Michael, «Karl Mannheim et Georg Luckács. L'hèritage perdu de l'historicisme hèrètique», *Homme et la societé: revue internationale de recherches et de synthèses sociologiques*, núm. 130, 1998, pp. 51-64.

MANNHEIM, Ernest, «Karl Mannheim, 1893-1947», *American Journal of Sociology*, vol. LII, núm. 6, mayo, 1947, pp. 471-474.

MAQUET, Jacques J., *The Sociology of Knowledge: Its Structure and Its Relation to the Philosophy of Knowledge: A Critical Analysis of the Systems of Karl Mannheim and Pitirim A. Sorokin*, Beacon Press, Boston, 1951.

MARCUSE, Herbert, «Zur Wahrheitsproblematik der soziologischen Methode: Karl Mannheims Ideologie und Utopie», *Die Gesellschaft*, vol. 6, octubre, 1929, pp. 356-369.

MARTÍN LÓPEZ, Enrique, «Mannheim, Karl», en *Gran Enciclopedia Rialp*, vol. 14, Rialp, Madrid, 1973, pp. 875-876.

— «Conocimiento y acción social. Karl Mannheim: las cuatro etapas de su producción científica».

MARTINDALE, Don, «Karl Mannheim», en Don Martindale, *The Nature and Types of Sociological Theory*, Houghton Mifflin, Boston, 1960, pp. 414-418.

MATTHIESEN, Ulf, «Kontrastierungen/Kooperationen: Karl Mannheim in Frankfurt (1930-1933)», en Heinz Steinert, *Die (mindestens) zwei Sozialwissenschaften in Frankfurt und ihre Geschichte*, Sst Sonderband, Frankfurt, 1989, pp. 72-87.

MERTON, Robert K., «Karl Mannheim and the Sociology of Knowledge», *Journal of Liberal Religion*, vol. 2, diciembre, 1941, pp. 125-147.

MESEGUER, Juan, «Mannheim y Hayek: el Estado en una época de reconstrucción», *Aceprensa*, 28 febrero 2017.

MILLS, Wright C., Reseña de «Karl Mannheim, Man and Society in an Age of Reconstruction», *American Sociological Review*, vol. 5, núm. 6, diciembre, 1940, pp. 965-969.

MIRA, Montserrat, *Política e irracionalidad. La tipología de las mentalidades políticas en K. Mannheim*, Editorial Pleamar, Buenos Aires, 1970.

MORALES NAVARRO, Julián, *Problema gnoseológico de la sociología del conocimiento en K. Mannheim*, tesis presentada en la Facultad de Filosofía y Letras, Universidad Complutense de Madrid, 1974.

— «Dimensión axiológica de la sociognoseología de K. Mannheim», *Anuario Filosófico*, vol. 9, núm. 1, 1976, pp. 247-291.

NEUSÜSS, Arnhelm, *Utopisches Bewusstsein und freischwebende Intelligenz: Zur Wissenssoziologie Karl Mannheims*, A. Hain, Meisenheim am Glan, 1968.

NOYA MIRANDA, Javier, «Clase, conocimiento y ciudadanía. La (des)legitimación del Estado del Bienestar en la perspectiva de la sociología del conocimiento de Mannheim», *Revista Española de Investigaciones Sociológicas*, núm. 62, abril-junio, 1993, pp. 99-119.

— «La sociología del conocimiento, entre las sociedades del trabajo, de la comunicación y del riesgo», *Revista Española de Investigaciones Sociológicas*, núm. 62, abril-junio, 1993, pp. 133-146.

NYBERG, Paul, *The Educational Implications of Karl Mannheim's Sociology*, tesis presentada en la Universidad de Harvard, 1957.

PELS, Dick, «Missionary Sociology between Left and Right: A Critical Introduction to Mannheim», *Theory, Culture & Society,* vol. 10, núm. 3, 1993, pp. 45-68.

PERIVOLAROPOULOU, Nia y LOWY, Michael, «Notes sur la réception de Mannheim en France», *Homme et la societé: revue internationale de recherches et de synthèses sociologiques,* núm. 140-141, 2001, pp. 103-111.

POOLEY, Jefferson, «Edward Shils' Turn Against Karl Mannheim: The Central Europe Connection», *Am Soc,* núm. 38, 2007, pp. 364-382.

RACIONERO GRAU, Luis, «La utopía: de Karl Mannheim a Isaiah Berlin», *Claves de Razón Práctica,* núm. 22, 1992, pp. 38-43.

REMMLING, Gunter W., «Karl Mannheim: revision of an intellectual portrait», *Social Forces,* vol. 40, núm. 1, octubre, 1961, pp. 23-30.

— «Philosophical parameters of Karl Mannheim's sociology of knowledge», *Sociological Quarterly,* vol. 12, núm. 4, otoño, 1971, pp. 531-547.

— «El significado y el desarrollo de la sociología de K. Mannheim», en G. W. Remmling (comp.), *Hacia la sociología del conocimiento,* Fondo de Cultura Económica, México, 1982.

— *La sociología de Karl Mannheim,* traducción de Rafael Lassaleta, Fondo de Cultura Económica, México, 1982.

REMPEL, Warren F., *The Role of Value in Karl Mannheim's Sociology of Knowledge,* Mouton, La Haya, 1965.

ROBINSON, Daniel S., «Karl Mannheim's sociological philosophy», *Personalist,* vol. 29, núm. 2, abril, 1948, pp. 137-148.

SALAS PULGAR, Patricio, *De la crisis a la utopía: la sociología de la educación de Karl Mannheim,* tesis presentada en la Facultad de Filosofía y Letras, Universidad de Navarra, Pamplona, 1980.

SALOMON, Albert, «Karl Mannheim, 1893-1947», *Social Research,* vol. 14, núm. 3, septiembre 1947, pp. 350-364.

SÁNCHEZ DE LA YNCERA, Ignacio, «Crisis y orientación. Apuntes sobre el pensamiento de Karl Mannheim», *Revista Española de Investigaciones Sociológicas,* núm. 62, abril-junio, 1993, pp. 17-43.

— «"La sociología ante el problema generacional": anotaciones al trabajo de Karl Mannheim», *Revista Española de Investigaciones Sociológicas*, núm. 62, abril-junio, 1993, pp. 147-192.

— «La obra de Karl Mannheim. Una compilación actualizada de sus escritos más relevantes», *Revista Española de Investigaciones Sociológicas*, núm. 62, abril-junio, 1993, pp. 245-253.

SANTUCCI, Antonio, «Forme e significati dell'utopia in Karl Mannheim», *Filosofia e Sociologia*, vol. 3, 1954, pp. 238-248.

— «Karl Mannheim e la sociología americana», *Filosofia e Sociologia*, vol. 4, 1955, pp. 1027-1051.

SÁRKÖZI, Mátyás, «The Influence of Georg Lukács on the Young Karl Mannheim in the Light of a Newly Discovered Diary», *The Slavonic and East European Review*, vol. 64, núm. 3, julio, 1986, pp. 432-439.

SCHOECK, Helmut, *Karl Mannheim als Wissenssoziologie*, tesis doctoral presentada en la Universidad de Tübingen, 1948.

SHILS, Edward, «Ideology and Utopia by Karl Mannheim», *Daedalus*, núm. 103, 1974, pp. 83-91.

— «Mannheim, Karl», en *Enciclopedia Internacional de las Ciencias Sociales*, vol. 6, Aguilar, Madrid, 1975, pp. 743-748.

— «Karl Mannheim», *American Scholar*, núm. 64, 1995, pp. 221-235.

SIMIRENKO, Alex, «Mannheim's generational analysis and acculturation», *British Journal of Sociology*, vol. 17, núm. 3, septiembre, 1966, pp. 292-299.

SIMONDS, A. P., *Karl Mannheim's Sociology of Knowledge*, Clarendon Press, Oxford, 1978.

SOLÉ TURA, Jordi, «Karl Mannheim o el drama de la Tercera Vía», en Karl Mannheim, *Llibertat, poder i planificació democràtica*, Edicions 62, Barcelona, 1965, pp. 5-11.

SPEIER, Hans, «Ideology and Utopia», *American Journal of Sociology*, núm. 43, 1937, pp. 155-166.

STEWART, William A. C., «Karl Mannheim and the Sociology of Education», *British Journal of Educational Studies*, núm. 1, 1953, pp. 109-111.

— *Karl Mannheim on Education and Social Thought*, Harrap, Londres, 1967.

TIMASHEFF, Nicholas S., «Mannheim: social structure and meaning», en Nicholas S. Timasheff, *Sociological Theory: Its Nature and Growth*, Random House, Nueva York, pp. 306-308.

TIRADO ROZÚA, Juan Ramón, «¿Libertad y/o planificación? Releyendo a Karl Mannheim en su cincuentenario», *Contrastes: revista interdisciplinar de filosofía*, núm. 2, 1997, pp. 315-335.

TOURAINE, Alain, Reseña de «Mannheim: Essays on the Sociology of Knowledge», *L'Anné Sociologique*, 3ª serie, 1952, pp. 251-256.

TREVES, Renato, «Karl Mannheim», *Rivista di Filosofia*, vol. 39, núm. 2, 1948, pp. 165-172.

UÑA JUÁREZ, Octavio, «Mannheim, Karl» en Octavio Uña Juárez y Alfredo Hernández (eds.), *Diccionario de Sociología*, ESIC, Madrid, 2004.

USÓN PÉREZ, Valentín, *Libertad y planificación. La «planificación para la libertad» de Karl Mannheim*, Universidad Complutense de Madrid, Madrid, 1990.

— «Karl Mannheim (1893-1947): La construcción social de la libertad», *Revista Española de Investigaciones Sociológicas*, núm. 62, abril-junio, 1993, pp. 83-98.

VARA COOMONTE, Antonio, «Karl Mannheim: la educación cívica», *Sarmiento: Anuario galego de historia da educación*, núm. 5, Vigo, 2001, pp. 77-98.

VULPE, Nicola, «Ideology, epistemology and work: a new evaluation of Karl Mannheim's third way», *Contextos*, núm. 21-22, 1993, pp. 111-132.

WAGNER, Helmut R., «Mannheim's historicism», *Social Research*, vol. 19, núm. 3, septiembre, 1952, pp. 300-321.

— «The scope of Mannheim's thinking», *Social Research*, vol. 20, núm. 1., primavera, 1953, pp. 100-109.

WHITTY, Geoff, «Social Theory and Education Policy: the legacy of Karl Mannheim», *British Journal of Sociology of Education*, vol. 18, núm. 2, 1997, pp. 149-163.

WIESE, Leopold von, «Karl Mannheim (1893-1947)», *Kölner Zeitschrift für Soziologie und Sozialpsychologie*, vol. 1, 1948-9, pp. 98-100.

WIRTH, Louis, «Karl Mannheim, 1893-1947», *American Sociological Review*, vol. 12, núm. 3, junio, 1947, pp. 356-357.

— «Prefacio», en Karl Mannheim, *Ideología y utopía*, Fondo de Cultura Económica, 1997, p. XXVII.

WOLFF, Kurt H., «Karl Mannheim in seinen Abhandlungen bis 1933», introducción a *Wissenssoziologie*, Luchterhand, Neuwied, 1970, pp. 11-65.

— «Introduction: A reading of Karl Mannheim», *From Karl Mannheim*, 2ª edición ampliada, introducción de Volker Meja y David Kettler, Transaction Publishers, New Brunswick, New Jersey, 1993, pp. 1-130.

WYLIE, Joyce F., *Karl Mannheim's Social Theory and Concept of Education*, University Microfilms, Ann Arbor, 1956.

ZEITLIN, Irving M., «Karl Mannheim (1893-1947)», en Irving M. Zeitlin, *Ideology and the Development of Sociological Theory*, Englewood Cliffs, Prentice-Hall, Nueva Jersey, 1968, pp. 281-319.

3. OTRAS OBRAS CONSULTADAS

ADLER, Franz, «The Value Concept in Sociology», *The American Journal of Sociology*, vol. 62, núm. 3, noviembre, 1956, pp. 272-279.

ALBERT, Ethel M., «Sistemas de valores», en *Enciclopedia Internacional de las Ciencias Sociales*, vol. 10, Aguilar, Madrid, 1975, pp. 611-614.

ALMARAZ, José, «Los ciudadanos y la política en la sociedad del riesgo», en Salustiano del Campo (ed.), *Perfil de la Sociología española*, Catarata, Madrid, 2001, pp. 85-108.

ÁLVAREZ URÍA, Fernando, «La crisis de los sistemas de protección social», *Revista Internacional de Ciencias Sociales y Humanidades, SOCIOTAM*, vol. XVII, núm. 2, Universidad Autónoma de Tamaulipas, México, 2007, pp. 29-53.

ARÉCHAGA, Ignacio, «La regeneración ética de las democracias liberales», *Aceprensa*, 10 abril 1996.

BALLESTEROS, Jesús, «Las concepciones de la familia en las Terceras Vías», en José Pérez Adán (ed.), *Las Terceras Vías*, Ediciones Internacionales Universitarias, Madrid, 2001, pp. 249-268.

BÉJAR, Helena, «Una época de frío moral: la sociología comunitarista de Robert N. Bellah», *Revista Española de Investigaciones Sociológicas*, núm. 74, 1996, pp. 77-113.

BELLAH, Robert Nelly *et al.*, *Hábitos del corazón*, traducción de Guillermo Gutiérrez, Alianza Editorial, Madrid, 1989.

BELTRÁN, Miguel, «Valor», en Salvador Giner, Emilio Lamo de Espinosa y Cristóbal Torres (eds.), *Diccionario de Sociología*, Alianza, Madrid, 1998, pp. 811-812.

— «Acerca de Weber y su ciencia exenta de valoraciones», en José Jiménez Blanco y Carlos Moya (eds.), *Teoría sociológica contemporánea*, Tecnos, Madrid, 1978, pp. 397-421.

CAMPIONE, Roger, «Modernidad, globalización y tercera vía. O del síndrome de Anthony Giddens», *Derechos y libertades: revista del Instituto Bartolomé de las Casas*, año 7, núm. 11, 2002, pp. 127-153.

COSER, Lewis A., *Masters of Sociological Thought*, Harcourt Brace Jovanovich Inc., New York, 1977.

DAHRENDORF, Ralf, «Whatever happened to liberty?», *New Statesman*, 6 septiembre 1999, pp. 25-27.

DENEEN, Patrick, *¿Por qué ha fracasado el liberalismo?*, traducción de David Cerdá García, Rialp, Madrid, 2018.

DÍAZ HERNÁNDEZ, Onésimo, *Historia de Europa en el siglo xx*, EUNSA, Pamplona, 2008.

DÍEZ ESPINOSA, José Ramón, *La crisis de la democracia alemana. De Weimar a Nuremberg*, Editorial Síntesis, Madrid, 1996.

— *Sociedad y cultura en la República de Weimar. El fracaso de una ilusión*, Universidad de Valladolid, Valladolid, 1996.

DONATI, Pierpaolo, «Ciudadanía lib/lab ("Tercera Vía") *versus* ciudadanía societaria ("Civilización"). Panóptico estatal *versus* sociedad de redes», en José Pérez Adán (ed.), *Las Terceras Vías*, Ediciones Internacionales Universitarias, Madrid, 2001, pp. 49-82.

DWORKIN, Ronald, «Liberalism», *Public and Private Morality*, Cambridge University Press, Cambridge, 1978.

— «Can a Liberal State Support Art?», en Ronald Dworkin, *A Matter of Principle*, Oxford University Press, Oxford, 1985, pp. 221-233.

— *Ética privada e igualitarismo político*, traducción de Antoni Domènech, Paidós, Barcelona, 1993.

ELÓSEGUI, María, «La separación entre la política y la ética. El liberalismo político de John Rawls», *Aceprensa*, 29 octubre 1997.

— «Reivindicación del republicanismo intercultural frente al liberalismo anglosajón rawlsiano», en Enrique Banús y Alejandro Llano (eds.), *Presente y futuro del liberalismo*, EUNSA, Pamplona, 2004, pp. 213-256.

ELZO, Javier, «Para una sociología del estudio de los valores», en AA.VV., *La sociedad: teoría e investigación empírica. Estudios en homenaje a José Jiménez Blanco*, Centro de Investigaciones Sociológicas, Madrid, 2002, pp. 819-839.

ETZIONI, Amitai, *La nueva regla de oro. Comunidad y moralidad en una sociedad democrática*, traducción de Marcos Aurelio Galmarini, Paidós, Madrid-Buenos Aires, 1999.

— *La tercera vía hacia una buena sociedad*, traducción de José Antonio Ruiz Sanromán, prólogo de José Pérez Adán, Trotta, Madrid, 2001.

FAZIO, Mariano, *Historia de las ideas contemporáneas*, Rialp, Madrid, 2006.

FLORES, Imer Benjamín, «Crisis, fortalecimiento y valores de la democracia», en AA.VV., *Los valores de la democracia. Ensayos ganadores del Primer Certamen Nacional de Ensayo Francisco I. Madero*, Instituto Federal Electoral, México, 1998, pp. 89-115.

GARCÍA DE MADARIAGA, Manuel, «El debate entre liberales y comunitaristas. ¿Debe ser el Estado éticamente neutro?», *Aceprensa*, 17 abril 1996.

GÓMEZ ARBOLEYA, Enrique, «Teoría del grupo social», *Revista de Estudios Políticos*, núm. 76, 1954, pp. 3-34.

GALLINO, Luciano, *Diccionario de Sociología*, Siglo Veintiuno Editores, Madrid, 1995.

GIDDENS, Anthony, *Las transformaciones de la intimidad, sexualidad, amor, erotismo*, traducción Benito Herrero Amaro, Cátedra, Madrid, 1995.

— *Más allá de la izquierda y la derecha. El futuro de las políticas radicales*, traducción de Mª Luisa Rodríguez Tapia, Cátedra, Madrid, 1996.

— *La tercera vía. La renovación de la socialdemocracia*, traducción de Pedro Cifuentes Huertas, Taurus, Madrid, 1999.

— *La tercera vía y sus críticos*, traducción de Pedro Cifuentes Huerta, Taurus, Madrid, 2001.

GIL VILLA, Fernando, *Individualismo y cultura moral*, Centro de Investigaciones Sociológicas, Madrid, 2001.

GINER, Salvador, *Historia del pensamiento social*, Ariel, Barcelona, 1975.

— *La sociedad masa*, Ediciones Península, Barcelona, 1979.

— «Democracia», en Salvador Giner, Emilio Lamo de Espinosa y Cristóbal Torres (eds.), *Diccionario de Sociología*, Alianza, Madrid, 1998, pp. 179-180.

— «Sociedad masa», en Salvador Giner, Emilio Lamo de Espinosa y Cristóbal Torres (eds.), *Diccionario de Sociología*, Madrid, Alianza, 1998, pp. 700-701.

— *Teoría sociológica clásica*, Ariel, Barcelona, 2001.

GONZÁLEZ BLASCO, Pedro, «Reflexiones sobre los valores y su uso en la sociología», en Andoni Kaiero (ed.), *Valores y estilos de vida*, Bilbao, Ediciones de la Universidad de Deusto, 1994, pp. 15-42.

GUERRA, Pablo y BARG, Gabriel, «La tercera vía y el debate entre liberales y socioeconomistas», en José Pérez Adán (ed.), *Las Terceras Vías*, Ediciones Internacionales Universitarias, Madrid, 2001, pp. 17-48.

HAYEK, Friedrich, *Camino de servidumbre*, trad. de José Vergara, Alianza Editorial, Madrid, 1ª ed. española, 1946; 2ª reimp. española, 1990, p. 26.

INGLEHART, Ronald, *El cambio cultural en las sociedades industriales avanzadas*, Centro de Investigaciones Sociológicas, Madrid, 1991.

JASAY, Anthony de, «Lo que se tuerce no se contrasta. Reflexiones sobre el pensamiento político de Karl Popper», en Pedro Schwartz, Carlos Rodríguez Braun y Fernando Méndez Ibisate (eds.), *Encuentro con Karl Popper*, 1ª reimp., Alianza Editorial, Madrid, 1994, pp. 185-204.

JIMÉNEZ BLANCO, José, «Masas», en *Diccionario de Ciencias Sociales*, vol. I, Instituto de Estudios Políticos, Madrid, 1975, pp. 156-157.

KELSEN, Hans, *Esencia y valor de la democracia*, traducción de Rafael Luengo Tapia y Luis Legaz y Lacambra, 2ª ed. española, Ediciones Guadarrama, 1977.

— *Teoría pura del derecho*, traducción de Roberto J. Vernengo, Universidad Nacional Autónoma de México, México D. F., 1983.

— *¿Qué es Justicia?*, traducción de Albert Calsamiglia, Ariel, Barcelona, 1991.

KORNHAUSER, William, «Masas, sociedad de», en *Enciclopedia Internacional de las Ciencias Sociales*, Aguilar, Madrid, vol. 6, 1975, pp. 776-782.

LEIGH, Andrew, «The Rise and Fall of the Third Way», *AQ: Journal of Contemporary Analysis*, vol. 75, núm. 2, marzo-abril, 2003, pp. 10-15.

LOEWENSTEIN, Karl, «Militant Democracy and Fundamental Rights, I», en *The American Political Science Review*, vol. 31, núm. 3, junio, 1937, pp. 417-432.

LU, Rachel, «Jonah Goldberg vs. Patrick Deneen: Is Liberalism a Blessing or a Curse?», *Public Discourse*, 7 junio 2018.

LUCAS MARÍN, Antonio, *Sociología: una invitación al estudio de la realidad social*, EUNSA, Pamplona, 2004.

MACIONIS, John y PLUMMER, Ken, *Sociología*, 3ª ed. española, Pearson Prentice Hall, Madrid, 2007.

MARTINDALE, Don, *La teoría sociológica. Naturaleza y escuelas*, traducción de Francisco Juárez Moreno, 2ª reimp. en castellano, Biblioteca de Ciencias Sociales, Aguilar, Madrid, 1979.

MARTÍN LÓPEZ, Enrique, *Sociología general*, tomo I, Barcelona, 1969.

— *Fundamentos sociales de la felicidad individual*, Biblioteca Breve de Temas Actuales, Universidad de Piura, Perú, 1986.

— *La sociedad global*, 2ª ed., Fundación para la Formación de Altos Profesionales, col. Materiales de Trabajo, Madrid, 1997.

— *Sociología de la comunicación humana* (tomo I), 2ª ed., Fundación para la Formación de Altos Profesionales, col. Materiales de Trabajo, Madrid, 1999.

— *Familia y sociedad. Una introducción a la sociología de la familia*, Rialp-Instituto de Ciencias para la Familia, Madrid, 2000.

— «La conceptualización en la sociología, con especial referencia a Tönnies, Rickert y Weber». Ponencia presentada al *Fünftes Internationales* Tönnies-*Symposion*, organizado por la Ferdinand-Tönnies Gesellschaft y el Institut für Soziologie Christian, Albrechts, Universität zu Kiel, octubre 2005.

MÉNDEZ, José María, *Valores éticos*, Estudios de Axiología, Madrid, 1978.

MESEGUER, Juan, *Pensamiento crítico: una actitud*, UNIR, Logroño, 2016.

— «Una nueva cultura para las democracias liberales», *Aceprensa*, 19 enero 2018.

— «La difícil práctica del liberalismo», *Aceprensa*, 25 septiembre 2019.

— «El Estado no es competente para formar en cuestiones morales controvertidas. Entrevista a María Lacalle Noriega», *Aceprensa*, 28 enero 2020.

— «Educación cívica: ¿la hora de "los míos"?», *Aceprensa*, 20 mayo 2021.

— «La polémica que divide a los conservadores», *Aceprensa*, 26 julio 2021.

— «La diversidad familiar: un mantra no tan inclusivo», *Aceprensa*, 21 octubre 2021.

— «Qué es el neoliberalismo y por qué todo el mundo lo odia», *Aceprensa*, 14 enero 2022.

— «Posliberalismo: por qué las derechas no se entienden», *Aceprensa*, 3 febrero 2022.

— «¿Qué significa usar el poder del Estado a favor del bien común?», *Aceprensa*, 10 febrero 2022.

— «En busca de una economía y una cultura que funcionen para todos», *Aceprensa*, 17 febrero 2022.

— «Por qué los conservadores no deberían celebrar la crisis del liberalismo», *Aceprensa*, 21 abril 2022.

— «El gran debate que podría cambiar al conservadurismo», *Aceprensa*, 23 mayo 2023.

MOYA, Carlos, *Sociólogos y Sociología*, Siglo XXI editores, Madrid, 1970.

— *Teoría sociológica: una introducción crítica*, Taurus, Madrid, 1971.

— «Consistencia de valores», en *Diccionario de Ciencias Sociales*, vol. I., Instituto de Estudios Políticos, Madrid, 1975, pp. 516-521.

MUKERJEE, Radhakamal, *The Social Structure of Values*, Macmillan, Londres, 1949.

MULHALL, Stephen y SWIFT, Adam, *El individuo frente a la comunidad. El debate entre liberales y comunitaristas*, Temas de Hoy, Madrid, 1996.

OLLERO, Andrés, *Democracia y convicciones en una sociedad plural*, Cuadernos del Instituto Martín de Azpilcueta, Universidad de Navarra, Pamplona, 2001.

— «Las convicciones morales de los ciudadanos dan vida a la democracia. A propósito de John Rawls (1921-2002)», *Aceprensa*, 25 diciembre 2002.

ORTEGA Y GASSET, José, *La rebelión de las masas*, Galo Sáez, Madrid, 1929.

PARK, Robert E., «Las migraciones humanas y el hombre marginal», *Scripta Nova. Revista Electrónica de Geografía y Ciencias Sociales*, traducción de Emilio Martínez, Universidad de Barcelona, núm. 75, 1 noviembre 2000.

PÉREZ ADÁN, José (ed.), *Las Terceras Vías*, Ediciones Internacionales Universitarias, Madrid, 2001.

— *Comunitarismo*, Sekotia, Madrid, 2003.

— *Sociología. Comprender la humanidad en el siglo XXI*, Ediciones Internacionales Universitarias, Madrid, 2006.

— *Adiós Estado, bienvenida comunidad*, Ediciones Internacionales Universitarias, Madrid, 2008.

POPPER, Karl, *La miseria del historicismo*, traducción de Pedro Schwartz, Alianza, Madrid, 1973.

— *La sociedad abierta y sus enemigos*, traducción de Eduardo Loedel, 3ª reimp. española, Paidós Ibérica, Barcelona, 1989.

RATZINGER, J. / BENEDICTO XVI, *El elogio de la conciencia: la Verdad interroga al corazón*, Palabra, Madrid, 2010.

RAWLS, John, *Teoría de la justicia*, traducción de María Dolores González, Fondo de Cultura Económica, México, 1979.

— *El liberalismo político*, traducción de Antoni Doménech, 1ª ed. en Biblioteca de Bolsillo, Crítica, Barcelona, 2004.

REDONDO, Gonzalo, *Las libertades y las democracias*, EUNSA, Pamplona, 1984.

SCHWARTZ, Pedro, «La ética en el pensamiento de Popper y de Hayek», en Pedro Schwartz, Carlos Rodríguez Braun y Fernando Méndez Ibisate (eds.), *Encuentro con Karl Popper*, 1ª reimpresión, Alianza Editorial, Madrid, 1994, pp. 35-48.

— *En busca de Montesquieu. La democracia en peligro*, Encuentro, Madrid, 2006.

SERRANO, Rafael, «Comunitarismo: un pensamiento político posmoderno. Más allá del Estado y del mercado», *Aceprensa*, 22 marzo 1995.

STERN, Alfred, *Filosofía de los valores. Panorama de las tendencias actuales en Alemania*, 2ª edición, Compañía General Fabril Editora, Buenos Aires, 1960.

TEZANOS, José Félix, *La explicación sociológica: una introducción a la sociología*, 3ª ed., corregida y aumentada, Universidad Nacional de Educación a Distancia, Madrid, 2006.

TOCQUEVILLE, Alexis de, *La democracia en América*, 2 vols., Sarpe, Madrid, 1984.

VON MISES, Ludwig, «Planificación para la libertad», *Centro de Estudios Económico-Sociales*, núm. 120, febrero 1966.

WATSON, Peter, *Historia intelectual del siglo xx*, Crítica, Barcelona, 2002.

WILLIAMS, Robin Murphy, «Concepto de valores», en *Enciclopedia Internacional de las Ciencias Sociales*, vol. 10, Aguilar, Madrid, 1977, pp. 607-611.

SE TERMINÓ DE IMPRIMIR ESTA EDICIÓN DE
DEMOCRACIA Y VALORES EN KARL MANNHEIM.
UNA TEORÍA SOCIAL CONTRA EL LIBERALISMO DESARMADO
EL DÍA 5 DE FEBRERO DE 2024,
FESTIVIDAD DE SANTA ÁGUEDA.

LAUS DEO VIRGINIQUE MATRI